Inhalt

Vorwort
von Carl Djerassi

Leidenschaftliche Arbeit, insbesondere wenn sie kreative Hingabe verlangt, ist das beste Mittel gegen Schmerz, Leid und Tragik. Diese Erfahrung habe ich vor mehr als 30 Jahren selbst gemacht, als ich mit dem Selbstmord meiner 28-jährigen Tochter fertig werden musste. Ihr Tod war plötzlich und unerwartet, und indem ich mich in Arbeit stürzte, reagierte ich wie automatisch auf die tiefe Trauer. Aber was bleibt zu tun, wenn die Tragödie eintritt und ihr endgültiger Ausgang ungewiss ist? Kreative Arbeit ist dann eine geplante Therapie, und ihr unterschwelliges Motiv ist Überleben, vielleicht gar die Hoffnung, die erwartete Tragödie möge ein positiveres Ende nehmen. Was auch immer der Grund sein möge, Goethes Rezept aus *Wilhelm Meisters Wanderjahre* bringt es auf den Punkt: „Seelenleiden zu heilen vermag der Verstand nichts, die Vernunft wenig, die Zeit viel, entschlossene Tätigkeit hingegen alles."

Nehmen wir Publius Ovidius Naso, wohl einen der größten Dichter aller Zeiten. Kulturell und emotional war Ovid durch und durch Römer. Als er im Alter von 51 Jahren auf der Höhe seines Ruhms von Kaiser Augustus nach Tomi am Schwarzen Meer verbannt wurde, an den unzivilisiertesten Rand des römischen Reichs, in das heutige Rumänien, muss er sich zur schwersten aller Strafen verurteilt gefühlt haben: zu menschlicher und kultureller Isolation, fast schlimmer als der Tod. Er durfte nie wieder zurückkehren, und so war in dem ihm verbleibenden Jahrzehnt das Schreiben sein Trost, die Dichtkunst, insbesondere seine *Tristia* und später seine erschütternden *Epistulae ex Ponto*, in denen er um Begnadigung bittet. Während er noch in Rom war, hatte Ovid vorhergesagt: „... unzerstörbar wird bleiben mein Name. / Wo des Römers Macht auf bezwungenen Landen sich breitet, / wird mich lesen das Volk." (*Metamorphosen* 15.876-878) Dass er in der Verbannung weiterhin Gedichte schrieb, sollte diese Gewissheit bestärken. Und nehmen wir Diane Middlebrook, meine dritte Frau und große Liebe, mit der ich 22 Jahre verheiratet war, als sie 2007 verstarb, obschon sie 16 Jahre jünger war als ich. Sie ist ein weiteres Beispiel für die Vorteile von Goethes weisem Rat, wie man mit Tragödien fertig wird. Viele Nachrufe in den USA und in England beschrieben sie als preisgekrönte Dichterin, als Biographin, Lehrerin, Feministin und Salonnière – was alles zutraf. Aber wenn man sie fragte, wie sie sich im letzten Jahrzehnt ihres Lebens beschreiben würde, pflegte sie immer zu sagen: „Ich bin eine Biographin!"

Ihre erste Biographie *Anne Sexton* (1991, dt.1993) war ein Riesenerfolg – nominiert für den National Book Award und wahrscheinlich die einzige Dichterbiographie, die es je auf die Bestenliste der New York Times geschafft hat. Das Buch erregte in den USA enorme Aufmerksamkeit in den Medien, weil meiner Frau, abgesehen vom uneingeschränkten Zugang zu Anne Sextons umfangreichen Archiven, gestattet wurde, Tonbandaufzeichnungen von Hunderten von Psychoanalysesitzungen der Dichterin anzuhören – zum damaligen Zeitpunkt ein einzigartiges Vorgehen beim Verfassen einer Biographie –, was einerseits heftig kritisiert wurde wegen des angeblichen Eindringens in die letzte Privatsphäre einer Toten und andererseits gelobt als ein angemessenes und einzigartiges Beispiel für eine Psychobiographie.

Ihre zweite Biographie *Er war eine Frau. Das Doppelleben des Jazzmusikers Billy Tipton* (1998, dt. 1999) handelt von einer transsexuellen Jazz-Musikerin, die während ihres ganzen erwachsenen Lebens bei mehreren Ehefrauen und adoptierten Söhnen unentdeckt als Mann durchging. Die Arbeit an dieser Biographie verlangte ein völlig anderes Vorgehen als bei dem Sexton-Buch mit dem enormen Archivmaterial, da praktisch nichts Schriftliches von Billy Tipton überliefert war – notgedrungen führte sie ein geheimgehaltenes Leben. In diesem Fall waren die Recherchen journalistisch: Telefonbücher, Immobiliendaten und Zeitungsausschnitte mussten studiert und zahlreiche persönliche Interviews mit Freunden, Bekannten und Verwandten, deren Kontakte alle erst einmal herauszufinden waren, geführt werden.

Durch zwei so unterschiedliche Projekte als Biographin geschult, widmete sie sich in ihrer dritten Biographie *Her Husband* (2003) der Ehe zwischen dem britischen Hofdichter Ted Hughes und der ebenso berühmten amerikanischen Dichterin Sylvia Plath, die wie ihre Zeitgenossin Anne Sexton Selbstmord beging. Viele amerikanische Feministinnen – allerdings nicht meine Frau – haben Hughes wegen Plaths Selbstmord dämonisiert und ihm auf Grund seines Ehebruchs mit Assia Wevill, die sich nach ihrer Heirat mit Hughes ebenfalls umbrachte, die Schuld zugeschrieben. Tatsächlich waren einige Tagebucheinträge von Plath aus der bewegten Zeit kurz vor ihrem Selbstmord im Besitz von Hughes, und als sie dann plötzlich verschwunden waren, trug dies zu den Verdächtigungen bei. Die Tatsache, dass *Sylvia,* ein wichtiger Hollywood-Film mit Gwyneth Paltrow in der Rolle der Sylvia Plath, zufällig im selben Jahr herauskam, in dem die Plath-Biographie meiner Frau erschien, erwies sich als besonderer Vorteil.

Ihre Interpretation der Ehe zwischen Hughes und Plath war derart ausgefeilt und unparteiisch, dass Publishers Weekly sie als „das goldene Maß“ bezeichnete, mit dem Biographien dieser beiden Dichter zukünftig gemessen würden. Der Grund für dieses Urteil war nicht nur der glänzende Stil, sondern auch die von meiner Frau angewandte Methodik. Sie ging von der Annahme aus, dass alle fehlenden Aspekte, Komplikationen, Konflikte und Synergien in den Gedichten von Ted

Hughes verborgen wären, insbesondere in den beiden Bänden *Birthday Letters* (damals ein Bestseller in Großbritannien) und *Howls and Whispers* (nur in einer privaten Auflage von 110 Exemplaren veröffentlicht, von denen meine Frau eines besaß), das 1998 kurz vor Hughes' Tod herauskam. Dianes Dekonstruktion dieser Gedichte war der Schlüssel, mit dem sie in einer Weise in die Ehe zwischen Hughes und Plath vordringen konnte, wie es nie zuvor geschehen war.

Und dies bringt uns wieder zu Ovid. Nicht weil Hughes in seinen beiden letzten Lebensjahren an einer Neuübersetzung der *Metamorphosen* arbeitete, sondern weil Diane Middlebrook zwei Jahre, ehe sie *Her Husband* fertigstellte, beschlossen hatte, sich auf ihr ehrgeizigstes Projekt einzulassen: eine Biographie über Ovid, den sie mehr als dreißig Jahre als Englisch-Professorin an der Stanford University in ihren Lyrik-Seminaren unterrichtet hatte. Nach der Biographie über Anne Sexton, die nichts Persönliches verborgen und eine Überfülle an Archivmaterial, insbesondere an O-Tönen hinterlassen hatte, und dem Buch über Ted Hughes und Sylvia Plath, die viel Archivmaterial hinterlassen, aber die intimsten Aspekte in ihren Gedichten versteckt hatten, war sie nun in jeder Hinsicht bereit für Publius Ovidius Naso: Von dem Dichter, der vor 2.000 Jahren starb, besitzen wir keinerlei persönliche Daten – nicht einmal den Namen seiner Mutter – , aber die großartigsten Gedichte, die je geschrieben wurden. Diane war überzeugt, dass ihr die Vertrautheit mit Ovids Lyrik, der Ansatz von *Her Husband* und eine vertiefte Beschäftigung mit dem Rom zur Zeit Ovids ermöglichten, eine Ovid-Biographie zu schreiben, die diesen Titel wirklich verdiente.

Einige Schriftsteller hatten dies bereits versucht, allerdings in fiktiver Form. Die berühmtesten unter ihnen sind der australische Autor David Malouf mit seinem Roman *Das Wolfs-*

kind (1978, dt. 1987) und der österreichische Autor Christoph Ransmayr mit *Die letzte Welt* (1988). Als anerkannte Romanciers konzentrierten sie sich vor allem auf die letzten Jahre von Ovids Leben in der Verbannung und konnten sich dabei Freiheiten erlauben, wie sie einem Biographen nicht zustehen. Meine Frau entschied sich für einen geschickten Kompromiss. Angesichts der fehlenden biographischen Daten war es unmöglich, eine „Standard"-Biographie über Ovid zu schreiben. Und wenn sie gefragt wurde, warum sie gerade über ihn schreibe, antwortete sie halb im Scherz: „kein Nachlass" (mit Bezug auf die bekannt schwierigen Nachlassverhältnisse von Ted Hughes), „keine Psychotherapie" (die Probleme und Vorwürfe im Zusammenhang mit Anne Sextons Therapieaufzeichnungen), „kein Interview" (ihre monatelange Suche nach den überlebenden Ehefrauen von Billy Tipton), „keine Geschichte – ich erfinde sie einfach". Aber durch ausgiebige Recherchen und präzises Zitieren aus der umfangreichen Literatur über das Leben in Rom zu jener Zeit sowie ihre äußerst aufschlussreiche Analyse von Ovids Gedichten konnte sie ein Bild von sieben entscheidenden Tagen seines Lebens skizzieren, das niemand als „erfunden" bezeichnen würde. Doch schon bald, nachdem sie sich in ihr Projekt vertieft hatte, funkte das Schicksal dazwischen.
Ihr Plan war, die Ovid-Biographie so abzuschließen, dass sie im Jahr 2008 veröffentlicht worden wäre, im 2.000sten Jahr nach der Verbannung des Dichters aus Rom und nach der Vollendung seiner monumentalen *Metamorphosen*. Als bei ihr dann 2001 plötzlich eine seltene Krebsart diagnostiziert wurde, ein Liposarkom im hinteren Bauchfell, traute sie sich nach der anscheinend erfolgreichen, mehr als vierstündigen Operation zu, das Projekt rechtzeitig abzuschließen. Liposarkome metastasieren in der Regel nicht, aber sie

wachsen wahllos, wenn sie nicht komplett entfernt werden. Zwar war bei Dianes erster Operation das meiste entfernt worden, aber nicht der ganze Tumor, und im Jahr 2004 kam es erneut zu einem explosiven Wachstum und infolgedessen zu einer zweiten Operation mit schlechter Prognose: Der Tumor konnte nicht ganz entfernt werden, und so stand eine grausame Chemotherapie an. Meiner supereleganten Frau, die immer so viel Wert auf eine bezaubernde Frisur gelegt hatte, gingen die Haare aus, und sie musste eine Perücke tragen. Die Nebenwirkungen für den Magen waren furchtbar. Die ehrliche Antwort des Onkologen auf ihre direkte Frage „Wie viel Zeit bleibt mir noch?“ lautete: „Sechs Monate bis ein paar Jahre“. Ihre zweite Frage „Wie werde ich sterben?“ wurde kaum hoffnungsvoller beantwortet: „Sie werden wohl verhungern, ohne viele Schmerzen.“

Die meisten Menschen hätten in diesem Moment aufgegeben, aber das kam weder für Diane noch für mich in Frage. Ich half ihr 2005 dabei, alternative Behandlungsmöglichkeiten zu finden – zuerst ein experimentelles immunologisches Verfahren in Deutschland, das in den USA noch nicht zugelassen war, und danach fanden wir einen hervorragenden deutschen Chirurgen, Professor Dr. Rainer Engemann vom Klinikum Aschaffenburg, der bereit war, eine weitere Operation zu versuchen, die die amerikanischen Chirurgen für unmöglich gehalten hatten. Die Operation im Januar 2006 dauerte über elf Stunden, und dabei wurden mehr als fünf Kilogramm Liposarkom entfernt! Um alles noch schlimmer zu machen, hatte ich mir im Monat davor in Oxford die Hüfte gebrochen und war selbst nicht reisefähig. Meine Stieftochter Leah Middlebrook konnte sich von ihrer Professur an der University of Oregon beurlauben lassen, um bei ihrer Mutter in Aschaffenburg zu sein. Zwei Tage, nachdem Diane von der

Intensivstation des Krankenhauses auf eine normale Station verlegt worden war, schickte mir Leah folgende Email:
Heute Abend war Mom ziemlich gut drauf. Sie hat gelesen, und sie wurde von einer Krankenschwester versorgt, die ihr Billy Tipton-Buch auf Deutsch gelesen hatte. Sie hat auch richtig zu Abend gegessen, sogar mit Gewürzgürkchen. Sie fühlte sich sehr glücklich und gefasst, aber müde. Sie meinte sogar nach etwa einer Stunde ganz lieb, ich solle ruhig gehen. Ich glaube, sie mag nicht mehr im Mittelpunkt der Aufmerksamkeit stehen und möchte einfach nur lesen, bis es ihr wieder so gut geht, dass sie wieder richtig im Leben steht! Auch dies ist wie alles andere ein gutes Zeichen ... ihr beide werdet euch viel zu erzählen haben.
Ein paar Wochen danach waren wir wieder in unserer Londoner Wohnung zusammen – ich auf Krücken und meine Frau mit zurückkehrenden Kräften. Wir entschieden uns beide dafür, Goethes zuvor zitiertem Rat mit voller Kraft zu folgen, und wurden totale *Workaholics*, ausgenommen einige Abende, an denen wir ins Theater gingen. Diane hatte nun einen Abgabetermin: nicht nur den 2.000sten Jahrestag von Ovids *Metamorphosen,* sondern auch ihre eigene Lebenserwartung. Denn die elfstündige Operation war zwar heroisch, aber sie war keine Heilung, sondern nur das Geschenk einer begrenzten Lebensverlängerung. Das Liposarkom hatte nicht ganz entfernt werden können, und sogar der Zauberchirurg von Aschaffenburg musste zugestehen, dass eine weitere Operation nicht möglich sein würde.
Rückblickend habe ich den Eindruck, dass meine Frau sich mit ihrem Tod leichter abgefunden hatte als ich damit, meine so viel jüngere Ehefrau zu verlieren. Während ihr Fokus war, so weit wie möglich mit ihrer Ovid-Biographie zu kommen, entschied ich mich für ein völlig neues Projekt,

in das ich eintauchen konnte. In den zwanzig zurückliegenden Jahren war ich zu einem Roman- und Theaterautor geworden, zumeist in der Gattung „science-in-fiction“ und „science-in-theatre“. Zudem hatte ich zwei Autobiographien geschrieben (1992 und 2001), die erste auf Betreiben meiner Frau, die gerne einen Bericht über mein Leben vor unserer Ehe sehen wollte. Aber Autobiographie und Biographie sind zwei sehr verschiedene Arten des Schreibens, und mein nun gewähltes Thema – biographische Szenen von Theodor W. Adorno, Walter Benjamin, Gershom Scholem und Arnold Schönberg und ihren Frauen – war eine dramatische Abkehr von dem, was ich bisher geschrieben hatte. Die ursprüngliche Motivation war teils autobiographisch, indem ich der Frage der jüdischen Identität nachgehen wollte – die sich bei diesen vier Menschen in so unterschiedlicher Weise nicht-religiös manifestierte –, weil sie mich selber spät in meinem Leben sehr beschäftigte. Aber da ich das entstehende Buch *Vier Juden auf dem Parnass. Ein Gespräch – Benjamin, Adorno, Scholem, Schönberg* auch als Hommage an Diane verstand, gab ich wohl dem unbewussten Wunsch nach, es auf ihrem Feld der reinen Biographie zu schreiben. Wie auch immer, ich konnte den Text kurz vor ihrem Tod fertigstellen, nachdem sie jedes Kapitel kritisch und genau gelesen hatte, wie wir es in all unseren Ehejahren gegenseitig zu tun pflegten.

Dianes Werk konnte nicht vollendet werden. Als ihre Kraft immer mehr schwand, als ihre Bluttransfusionen und Lymphdrainagen immer häufiger wiederholt werden mussten, erklärte sie mir eines Morgens, als ich von meinem täglichen Training zurückkam, das mit meinem eigenen Unfall in Verbindung stand: „Es hat keinen Sinn weiterzumachen, ich werde es nicht fertigbringen.“ Dies war der tiefste von allen

Tiefpunkten in unserem gemeinsamen Leben, denn wenn es stimmte, hieß dies, dass wir ohne den Trost der einzig gebliebenen Therapie, Goethes „entschlossener Tätigkeit", nur auf ihren Tod warten würden.

Tags darauf ging mir allerlei durch den Kopf: Da Dianes Biographie durch sieben Tage in Ovids Leben strukturiert war und sie zu diesem Zeitpunkt bei Tag vier angelangt war (Ovid im Alter von zwanzig), könnte der Buchtitel doch *Der junge Ovid* heißen, und sie würde das bereits geschriebene Vorwort, in dem sie ihren Sieben-Tage-Ansatz erläuterte, umschreiben. Mir fehlen die Worte, um die überschwängliche Reaktion meiner Frau zu beschreiben – ich nahm es als eine spektakuläre Wiederbelebung der Diane Middlebrook, wie ich sie seit zwei Jahrzehnten kannte. Sie nahm ihre tägliche Schreibroutine wieder auf bis Ende Oktober 2007, als sie am Centre for Gender Studies an der Cambridge University den letzten öffentlichen Vortrag ihres Lebens hielt. Diane war eine der großartigsten und populärsten Referenten, die ich kannte, alle wichtigen Auszeichnungen waren ihr dafür an der Stanford University verliehen worden, aber dieser Vortrag rührte mich und viele andere Zuhörer zu Tränen. Mir ging es so, weil ich wusste, dass das Publikum in Cambridge einer todgeweihten Referentin zuhörte, und dem Publikum, weil ihr phantastischer – fast überirdischer – Vortrag so bewegend war. Wenige Wochen später war ihr klar, dass ihr Ende gekommen war, und sie flog nach San Francisco, um dort am 15. Dezember 2007 in einem Krankenhaus zu sterben.

In den beiden letzten Wochen im Krankenhaus stand sie unter schweren Betäubungsmitteln, aber in ihren lichten Momenten dachte sie weiter über ihren *Jungen Ovid* nach. Diane meinte, dass ein Lektor ihres Verlages das Manuskript fertigstellen würde, und es gelang uns sogar, zwei Studenten (Caedmon

Haas und Katherine Balsley) aus dem Fachbereich Klassische Philologie der Stanford University anzustellen – finanziert mit dem allerletzten Zuschuss, den sie von dem verständnisvollen Dekan der Geisteswissenschaften in aller Eile erhielt –, um die zahlreichen Fußnoten und Zitate auf ihre Genauigkeit zu überprüfen. Wie ich Haas und Balsley per Email wissen ließ, blieb uns nur sehr wenig Zeit. Tatsächlich gelang es meiner Frau noch, den beiden vom Krankenbett aus die Einzelheiten zu erläutern, ehe sie wenige Tage später verstarb.

Trotz sorgfältiger Bemühungen von zwei verschiedenen Autoren stellte sich bald heraus, dass Dianes einzigartige Stimme – die in den Rezensionen ihrer drei ersten Biographien so oft erwähnt wurde – nicht zu treffen und dass ein unvollständiges Stückwerk weder für ihre Tochter noch für mich akzeptabel war. Es wäre schlicht wie das unvollendete Gemälde eines Meisters mit einem einzigartigen Stil, das ganz andere Künstler fertigstellen. Jedenfalls wäre es das falsche „letzte Buch" gewesen, wenn es als eine solche literarische Schimäre erschienen wäre.

Es blieb nur eine Antwort, nämlich das, was den Lesern jetzt vorliegt: eine unvollendete posthume Biographie – Begriffe, die gleichermaßen auf Ovid wie auf Diane zutreffen. Man könnte es auch ein spektakuläres Vorspiel ohne die eigentliche Vollendung nennen, im Sinne eines unvollständig polierten Edelsteins, der wertvoller ist als ein perfekt Stilimitat. Zugute gekommen ist dieser deutschen Ausgabe das fabelhaft sorgfältige Lektorat von Andres Müry, der Dianes besonderen Stil unverändert gelassen, aber Wiederholungen entfernt und einige Passagen umgestellt hat. Zudem haben zwei österreichische Altphilologen, Dr. Sonja Schreiner und Altdekan Prof. Dr. Franz Römer von der Universität Wien, den vorliegenden Text auf historische und philologische Genauigkeit geprüft.

Eine etwas andere Perspektive auf die Gründe für eine Publikation bietet Maurice Biriotti in seinem Nachwort. Er war einer der besten Freunde meiner Frau und, wie es der Zufall wollte, auch ein in Cambridge ausgebildeter, hervorragender Altphilologe, den sie während ihrer vierjährigen Recherchen über Ovid zu Rate zog. Es war nicht nur sein wissenschaftliches Renommee als Ovid-Kenner, weshalb ich als Dianes Ehemann ihm den Ehrenplatz als letztem Kommentator zu *Der junge Ovid* geben wollte. Es war auch ein emotionaler Grund: Im Dezember 2008 fand Maurice Biriotti bei der Gedenkfeier, die Diane Middlebrooks akademische Kollegen bei der Jahreskonferenz der Modern Language Association in San Francisco organisiert hatten, mehr als jeder andere unvergessliche Worte. Für mich ist dieses Nachwort eine Coda, die nur von ihm geschrieben werden konnte.

Wien, im September 2012

Carl Djerassi, geboren 1923 in Wien, Chemiker und Miterfinder der Verhütungspille, Kunstsammler, Schriftsteller, lebt in San Francisco, London und Wien. Zuletzt erschien „Chemie im Theater. Killerblumen" (2012).

Einleitung
OVIDS METAMORPHOSE

Habe vollbracht nun ein Werk, das nicht Juppiters Zorn, das nicht Schwert noch
Feuer wird können zerstören [...] ich werde
Doch mit dem besseren Teil meines Selbst mich über die Sterne
Heben auf ewig und unzerstörbar wird bleiben mein Name.
Wo des Römers Macht auf bezwungenen Landen sich breitet,
Wird mich lesen das Volk, und für alle Jahrhunderte werde –
Ist etwas Wahres am Wort der Seher – im Ruhme ich leben."[1]

Mit dieser kühnen Behauptung enden die *Metamorphosen,* das Epos eines Dichters, der in den bewegten Jahren der römischen Geschichte zu Rang und Namen kam, als die römische Republik endete und der Soldat Octavian zum Kaiser Augustus wurde: Publius Ovidius Naso, kurz Ovid.

Eine solche Selbststilisierung wirkt auf uns eher geschmacklos, vielleicht auch naiv. Die eroberten Länder haben die Eroberer abgeschüttelt: Heute sind wir alle postkolonial. Und doch hat sich Ovids Prophezeiung als wahr erwiesen. Die lateinische Sprache hat den Untergang Roms überlebt, und Ovids Werk ist erstaunlicherweise nie in Vergessenheit geraten, seit er im Alter von achtzehn Jahren, etwa im Jahr 25 v. Chr., zum ersten Mal öffentlich las. Sein Publikum war zutiefst beeindruckt, und sein Ruhm ist seither niemals verblasst. Ovids Werk blieb, wurde bewundert, zitiert, übersetzt, nachgeahmt, illustriert, exzerpiert, wieder und wieder neu interpretiert und 2.000 Jahre lang immer weiter überliefert.[2]

Für einen Biographen mag Ovids Formulierung „für alle Jahrhunderte werde ... im Ruhme ich leben“ wie eine Ohrfeige über zwanzig Jahrhunderte hinweg klingen. Abgesehen von der selbststilisierenden Geste kann man den Ausdruck als leere Konvention abtun: Auch Ovids gefeiertste Zeitgenossen scheuten vor solchen Formulierungen in ihren Werken nicht zurück. Aber wenn Ovid es wirklich ernst meinte? Was bestärkte einen Schriftsteller im Glauben, Gedichte, nicht zuletzt seine eigenen, könnten unsterblich sein?

Biographie ist ein Medium, in dem sich Lösungen solcher Rätsel herausarbeiten lassen. Und doch bietet sich Ovid nicht unmittelbar als Kandidat für eine Biographie an: Außer seinem dichterischen Werk gibt es fast keine Dokumente[3] über sein Leben. Die Zeugnisse *in* seiner Dichtung sind alles, woran wir uns halten können. Aber dies genügt, denn Ovid war für seine Zeit ein ungewöhnlich autobiographischer Autor. Seine Stimme klingt für uns wie eine gezupfte Saite, ganz direkt und erkennbar über zwei Jahrtausende hinweg, auch deshalb, weil er häufig eine suggestive Rhetorik einsetzt: Er spricht uns Leser an, als wären wir mit ihm in einem Zimmer. In seinen *Tristia*, geschrieben im Exil, heißt es zum Beispiel: „Wer ich, der heitere Dichter zärtlicher Liebe, gewesen, / Nachwelt, vernimm es nun, daß du auch weißt, wen du liest!"[4]

Seine Lebensgeschichte, wie wir sie aus seiner Dichtung rekonstruieren können, ist durchaus dramatisch. Publius Ovidius Naso, Spross einer guten Familie, wurde 43 v. Chr. in Mittelitalien, in der ländlichen Stadt Sulmo im Apennin, geboren. Im Alter von zwölf ging er mit seinem älteren Bruder nach Rom, wo sie ihre Bildung vervollständigen und eine politische Laufbahn einschlagen sollten. Doch entgegen dem Wunsch des Vaters wurde Ovid Dichter und hatte damit früh Erfolg. Unter der Schirmherrschaft eines wohlhabenden Mäzens trug er mit etwa achtzehn Jahren erstmals öffentlich aus seinen Werken vor und erlangte enormes Ansehen. Schließlich wurde er Roms berühmtester lebender Schriftsteller.[5] Er war 51 Jahre alt und auf dem Höhepunkt seiner Karriere, als sich in einer Privataudienz beim Kaiser alles änderte: Augustus, außer sich vor Zorn, ließ ihn wissen, dass über ihn die

Verbannung verhängt werde. Über die wahren Gründe wurde nie etwas bekannt, und Ovid war untersagt, sich zu äußern. Die nächsten zehn Jahre verbrachte er in Tomi, einer Siedlung am Schwarzen Meer – im heutigen Constanza in Rumänien – am äußersten Rande des römischen Reichs. Im Alter von etwa sechzig verstarb er dort in der Verbannung.

Während seiner zehnjährigen unfreiwilligen Abwesenheit von Rom hatte er gehofft, die Gunst des Kaisers wiederzuerlangen. Er schrieb 46 Briefe in Versen an einflussreiche Freunde, die *Epistulae ex Ponto*, und erinnerte sie an seinen gehobenen Stand und an sein beispielhaftes Leben als Künstler und Bürger. Die Hoffnung auf Begnadigung war nicht ganz unbegründet, da seine Bestrafung eine Art von Verbannung war, die man *relegatio* nannte; demnach behielt er sein Eigentum und sein Bürgerrecht.[6] Die Gedichte waren allerdings keine privaten Briefe, sondern zur Veröffentlichung gedacht. Ovid wollte den künftigen Lesern von sich Zeugnis ablegen und war sicher, dass seine Worte überleben würden.

Ovids sehr früher Aufstieg wurde von einem noblen Mäzen gefördert, der als erster die Begabung des kaum 16-Jährigen erkannte. Dieser Marcus Valerius Messalla Corvinus ermutigte Ovid, es mit der Dichtung ernst zu nehmen. Als Ovid dann in den Dichterkreis um Messalla aufgenommen wurde, erfüllte er zwar noch seine Verpflichtungen im *cursus honorum*, widmete sich aber hauptsächlich der Entfaltung seiner schriftstellerischen Begabung. Sein erstes Buch, die *Amores (Liebesgedichte)*,[7] wurde vollendet, als er gerade einmal zwanzig war, und es wurde eine Art Bestseller. Erschienen zur Zeit, als Augustus den Bürgerkrieg beendet hatte und seine Macht als Roms Nachkriegsherrscher etablierte, repräsentierte es den Zeitgeist: Die jungen Römerinnen und Römer wollten Liebe statt Krieg, und die von den Alten vertretenen Werte der Bescheidenheit hielten sie selbstbewusst für erledigt.

Mehrere Bücher folgten auf die *Amores*, und sie alle waren sofort weit verbreitet: *Ars Amatoria (Liebeskunst); Remedia Amoris (Heilmittel gegen die Liebe)*; *Heroides* (fiktive Briefe mythischer Heldinnen); und *De medicamine faciei femineae* (*Hilfsmittel für das Gesicht*, ein Schminkratgeber vom Fachmann). Auch eine Tragödie muss Ovid einmal verfasst haben, *Medea*.[8] Als er dann Mitte vierzig war, wagte er sich an das ehrgeizige Projekt, wie sein großer Vorgänger Vergil ein Epos zu schreiben. Vergils *Aeneis* war die Fortsetzung von Homers Epen über den mythischen Trojanischen Krieg, von *Ilias* und *Odyssee*. Dem Helden Aeneas gelingt die Flucht aus dem brennenden Troja, auf seiner Reise gelangt er nach Latium und wird Ahnherr von Rom, das Vergil als „Ewige Stadt"[9] und ruhmreichen Beitrag zu Kultur und Zivilisation feiert.

Vergils Tod lag zwanzig Jahre zurück, als Ovid mit seinen *Metamorphosen* (*Verwandlungen*) begann, und er hat sie wohl als ein Gegen-Epos zur *Aeneis* gedacht. Sie erneuerten die Gattung des Epos ganz radikal. Es gab keinen eigentlichen Handlungsstrang mehr, sondern es war eine Sammlung von rund 250 Geschichten, die vom Beginn der Welt bis in die augusteische Zeit reichten. Ovid nannte es ein *carmen perpetuum*, ein „unendliches Lied", dessen Botschaft war: Alles ist in stetiger Wandlung. Das Wichtigste war, dass es keinen Helden gab – nicht Aeneas, nicht Achilles, nicht Odysseus –, aus dessen Konflikten und Triumphen das traditionelle Epos seine emotionale Kraft bezieht. Ovids Epos hatte dagegen einen Erzähler, der die Erzählung im Wissen und in der Genialität eines einzelnen Kopfes verankert. Anders als all seine großen Vorgänger, einschließlich Vergil, spricht der Ich-Erzähler

in den *Metamorphosen* durch das ganze Gedicht hindurch – nicht aufdringlich, gerade oft genug, um den Leser daran zu erinnern, dass die Geschichte einen Erzähler hat, der den Erzählfluss lenkt, so wie ein Dirigent sein Orchester durch eine komplizierte Partitur. Diese reife Erzählperspektive ist Ovids radikalste Änderung.
Wer ist nun dieser Erzähler? Am Anfang der *Metamorphosen*, als es um die Erschaffung der Welt geht und Himmel und Erde, das Firmament und das Meer erschaffen sind, kommt Ovid darauf zu sprechen:

„Heiliger aber als sie ein Wesen noch fehlte, das hohen
Sinnes fähiger sei und die übrigen könne beherrschen.
Und es wurde der Mensch. Mag sein, daß der Meister der Dinge,
Er, der Ursprung der besseren Welt, ihn aus göttlichem Samen
Schuf
[…]
Während die übrigen Wesen gebeugt zur Erde hin sehen,
Gab er dem Menschen ein aufrecht Gesicht und hieß ihn den Himmel
Schauen, aufwärts den Blick empor zu den Sternen erheben.“[10]

Ovid entwirft damit das Bild des Künstlers, der die *Metamorphosen* erschafft, ein Wesen wie ein Gott, „das hohen Sinnes fähiger sei“. Dieser Mensch hat eine Eigenschaft, die Ovid *ingenium*, Genialität, nennt. Er spinnt sein Epos Zeile für Zeile, wie es ihm sein Genie eingibt. Keine äußere Quelle bestimmt die Handlung, keine bereits bestehende Erzählung oder Legende.
Die hier vorliegende Biographie geht den Ursprüngen dieser literarischen Gestalt nach, jenes „Meisters“, der am Anfang der *Metamorphosen* auftritt.

Ich habe mich entschieden, beispielhafte Ereignisse aus Ovids Leben von seiner Geburt bis zum Alter von zwanzig herauszuarbeiten – eine Phase, die bisher wenig Beachtung fand.[11] In jedes Kapitel habe ich einige illustrative Szenen eingefügt, die die entsprechenden Episoden veranschaulichen und sich in Ovids Leben so oder ähnlich hätten zutragen können. Ihr Kursivdruck verweist darauf, dass sie fiktiv sind. Sie basieren auf meinen Recherchen über römische Sozialgeschichte, den Bezug zu Ovids Leben habe ich selber hergestellt.

Als Biographin interessiert mich, warum Ovid Dichter wurde und eben nicht nach dem Wunsch seines Vaters ein römischer Magistrat. Antworten auf diese Frage finde ich in der reichen Symbolik, die sich in Ovids Meisterwerk, den *Metamorphosen,* verbirgt: in den Abschnitten über die Schöpfung, über Phaethon, über die Töchter des Minyas, über Daphne und Apollon, über Minerva und die Musen, über Arachne und im Epilog.

Wenn ich Spekulationen über die emotionale Dynamik anstelle, versuche ich, ihre psychologische Stimmigkeit aus dem Werk herzuleiten. Darin zeigt sich etwa ein ungewöhnlich starkes Interesse an Frauen, das ich auf den frühen Einfluss einer – hypothetisch angenommenen – jungen Mutter mit literarischer Bildung und Begabung zum Geschichtenerzählen zurückführe: Sie mag für Ovids Kreativität entscheidend gewesen sein. Zwar sind Hypothesen wie diese letztlich historisch nicht zu untermauern, aber, wie ich zeigen möchte, emotional stichhaltig.

Die eigentliche Quelle dieser Biographie ist das bemerkenswerte Vertrauen, das Ovid in sein eigenes Fortleben hatte. Er glaubte fest daran, dass ihn sein Werk überleben, ja sogar niemals in Vergessenheit geraten würde. In seinen anspruchsvollsten Gedichten drückt er das wiederholt aus, aber nirgends so intim wie in einem aus der Verbannung, das er offenbar an seine Stieftochter schrieb, damit sie der Kunst, in der er sie unterwiesen hatte, treu bleiben möge:

„Vergänglich sind all unsre Güter
außer dem, was das Herz und die Begabung uns bringt.
Mich, der sein Vaterland, euch und sein Haus verlor, nimm als Beispiel,
mich, dem man alles entriß, was einer hergeben kann:
Hab' ich nicht meine Begabung behalten zur eigenen Freude?
Sie mir zu nehmen, war Caesar nicht mächtig genug!
Möge, wer will, mein Leben mit wütendem Schwerthieb beenden –
wenn ich dann sterbe, so lebt trotzdem auch künftig mein Ruhm,
und man liest mich, solange als Siegerin Rom von den Hügeln
in die bezwungene Welt blickt [...]"[12]

Wie konnte Ovid wissen, dass seine grandiosen Pläne realisierbar waren? Und wie unmittelbar identifizierte er, der Verbannte, sich mit dem Ich-Erzähler? Die Biographie ist die geeignete Gattung, solchen Geheimnissen eines künstlerischen Werks nachzugehen.

Kapitel I
GEBURT

Die Hebamme beobachtete die Frau in ihren Wehen diskret von einem Stuhl in der Zimmerecke aus, sich sammelnd für das, was kam. Die Mutter hatte schon viele Stunden des Unwohlseins und der Erschöpfung hinter sich, ehe sie nun in die Übergangsphase eintrat, in der sich der Gebärmutterhals ganz weitet. Unterdrückte Schreie stießen rhythmisch durch ihre zusammengebissenen Zähne, händeringend wand sie sich in furchtbaren Schmerzen.

Die Hebamme war eine gut ausgebildete, griechische Freigelassene und hatte schon so manches Kind zur Welt gebracht. Sie wusste, dass das Gelingen einer Geburt auch von der psychologischen Vorbereitung der Mutter abhing; ihr sollte vermittelt werden, dass sie diesen Kampf überstehen würde, auch wenn der Hebamme die Möglichkeit bewusst war, dass sie ihn nicht überleben könnte. Entsprechend war das Geburtszimmer so hergerichtet, dass es eine Atmosphäre von Normalität ausstrahlte. Zwei Liegen standen da: das niedrige, flache Bett, auf dem die Gebärende lag, und die andere Liege mit Bergen von weichen Kissen, wo sie nach der Geburt ruhen würde. Nur der Holzkohlenrost spendete gedämpftes Licht; Wasser und Öl standen zur Reinigung des Neugeborenen vorgewärmt auf einem Sims bereit – auch dies ein Zeichen des Vertrauens, dass das Kind ebenfalls überleben würde.

Die Geburtsliege war hart, es war zu später Stunde, und die Gebärende war mehr auf ihre Schmerzen fixiert, als dass sie ihre Umgebung überhaupt wahrnahm. Wie lange würde sie noch durchhalten, ehe sie geschwächt aufgeben müsste? Die Hebamme ölte ihre linke Hand nochmals ein und führte sie in den Geburtskanal – sie hatte sich die Fingernägel sehr kurz geschnitten, damit ihre Fingerspitzen empfindsamer wurden und die zarten Schleimhäute der Frau nicht verletzten. Ja, der

Gebärmutterhals war bereit: eine ganze Handspanne breit. Nun war es an der Zeit, die Macht der Götter anzurufen. Dramatisch erhob sich die Hebamme von ihrem Stuhl und gab den drei übrigen Anwesenden ein Zeichen. Es waren Frauen, die sie unter den zahlreichen Haussklavinnen und Freigelassenen der Familie Ovid ausgewählt hatte, belesene, wortgewandte, die gepflegt aussahen und gute Manieren hatten. Dass sie nicht als Hebammen ausgebildet waren, spielte keine Rolle: Es waren die engeren Vertrauten der Mutter im Haushalt.

Zu Beginn der Wehen hatten sie ihre Herrin mit Geplauder abgelenkt, während die Hebamme selber für das physische Wohl der Gebärenden sorgte. Jetzt hoben sie einen zarten Gesang an, warfen Duftkräuter und Gewürze auf den Rost und riefen die Götter und Göttinnen um eine baldige und gesunde Geburt des Kindes an: Dispater, Mena, Lucina, Diana Hythia, Egeria, Prosa, Manageneta, die Dii Nixii, alles Schutzpatrone und -patroninnen der Frauen. Den Höhepunkt der Gebete bildete ein Trankopfer für die Göttin Latona; sie hatte die Zwillinge Apollon und Diana gegen alle Widerstände im Freien zur Welt gebracht und war die wichtigste Schutzpatronin gebärender Frauen.

Die Hebamme beteiligte sich nicht an diesen Gebeten; ihre Rolle war mehr praktischer Art. Sie richtete die Herrin auf und entfernte die von Schweiß und Blut verschmierte Decke unter ihrem Körper. Sie wusch ihr den Unterleib mit warmem Wasser, rieb sie mit einem feuchten Schwamm ab und bürstete ihr das nasse Haar aus dem Gesicht. Die Handreichungen hatten auch eine rituelle Bedeutung: Sie kündigten die letzte Phase der Geburt an. Die Hebamme bat die Herrin nun, sich zum bereitstehenden Geburtsstuhl zu begeben. Die Gefährtinnen halfen dabei, sie aufzurichten, und setzten sie auf den sichelförmigen Sitz. Sie legten ihr in Öl angewärmte Tücher über Bauch und Füße. Dann streuten sie zerstoßene, süß duftende Pflanzen, die es zur Zeit des Frühlingsanfangs in Hülle und Fülle gab, auf den Boden: Gerstengras, Apfelblüten, Quittenblüten, Zitronen, Gurken. Der Duft sollte die Kräfte wiederbeleben.

In der Zwischenzeit hatte die Hebamme sich eine große Leinenschürze umgebunden. Sie setzte sich auf einen niedrigen Hocker vor den Knien der Gebärenden, behielt ihr Gesicht fest im Auge und sprach mit leiser, beruhigender Stimme, während sie mit der linken Hand in die Öffnung des Geburtskanals fasste und den Gebärmutterhals massierte und weitete. In der nächsten Stunde, immer wenn eine Kontraktion mit Schreien und Stöhnen vorüber war, massierte sie wieder den Muttermund, um ihn ganz offenzuhalten, und wies die Frau an, wann sie bei den Wehen pressen sollte. Die Gefährtinnen waren von beiden Seiten behilflich, indem sie den Bauch sanft hinunter drückten, wenn die Muskeln entspannten.

Das hohe Rückenteil und die Armlehnen des Geburtsstuhls gaben nach, wenn die Frau sich aufstützte und vorbeugte. Die Hebamme hatte nun Zugang zu ihrem Unterleib, und als sie schließlich die Fruchtblase, die den Fötus umhüllte, mit den Fingern tasten konnte, zog sie sie nach vorne und unten und wartete auf die nächste Wehe. „Jetzt", sagte sie mit fester Stimme, und die Gebärende umfasste nochmals die Armlehnen und presste fest und noch fester, schrie vor Schmerz, bis der Damm riss und weiteres Fruchtwasser mit einem Gemisch aus Urin und Kot ausfloss. Jetzt war der Scheitel des Kinderkopfs im geöffneten Geburtskanal zu tasten. Zum Glück war es das zweite Kind der Mutter, und diese letzte Phase der Geburt würde nicht lange dauern. Noch ein-, zweimal pressen, und der Kopf kam zum Vorschein, das Haar schwarzgelockt und nassglänzend. Die Hebamme griff noch einmal sanft in den Geburtskanal und tastete eine Schulter, zog und drehte dann den kleinen Körper, während Arme und Rumpf und Becken und Beine herauskamen, bedeckt mit Fruchtschmiere und Blut.

Die Hebamme hob das neue Wesen von den Schenkeln der Mutter, in der Kühle, die über seinen Körper strich, schnappte es nach Luft und stieß einen erfreulichen Schrei aus. Sie legte es auf ein Kissen in ihrem Schoß, während sie der Mutter die Brüste massierte; so löste sie die Kontraktionen der Gebärmutter aus, damit die Nachgeburt kommen konnte und schwere, womöglich lebensgefährliche Blutungen verhindert wurden. Dann bedeutete die Hebamme den Gefährtinnen, die Mutter zu waschen und auf ihre bequeme Liege zu betten. Währenddessen betastete und streckte sie die Glieder des Neugeborenen und untersuchte alle Körperöffnungen nach Fehlbildungen. Sie war es, die entschied, ob das Kind wert war, aufgezogen zu werden, oder ob es sogleich aus dem Haus der Familie verstoßen und ausgesetzt wurde.

Als sie ihre Untersuchung abgeschlossen hatte, nickte sie zustimmend, machte einen Knoten in die Nabelschnur, strich das Blut von dem Stummel und band sie mit einem Wollfaden ab. Schließlich wandte sie sich ihrer Herrin zu, zeigte ihr das Kind und erhob ihre Stimme über sein Weinen: „Preise die Götter, nun ist dir noch ein Sohn geboren."

Und hoch über dem Haus leuchtete Lucifer, der Morgenstern, am Morgenhimmel[1] – ein himmlischer Empfang für diese neugeborene Stimme, die nun kraftvoll in der Welt war, für immer und ewig.

Diese Schilderung hörte Ovid immer gern, auch Jahre später, wenn er an der Seite seiner Mutter stand, während sie beim Spinnen und Weben saß. Die Geschichte war so blutrünstig

wie eine Schlacht, und man hätte sie ihm eigentlich nicht erzählen sollen. Die Entbindung war ein Frauengeheimnis; nie wohnten die Männer des Haushalts ihr bei, und sie war kein Gesprächsthema. Er wollte die Ausnahme sein, er musste genau wissen, was geschehen war, und die Mutter, erheitert durch seine Beharrlichkeit, tat ihm jedesmal den Gefallen. Dabei arbeitete sie weiter, hielt das Wollknäuel in der einen Hand, zog mit der anderen Faden um Faden heraus, drehte sie umeinander und wickelte die langen Stränge um die Spindel, genau so wie sie Geschichten spann, beliebig lang.
Seit ihrer eigenen Kindheit konnte sie ganze Abschnitte aus den Epen von Homer auswendig, auch Mythen und Legenden über Rom, wie sie die Kinder hören sollten, die später einmal zum Regieren berufen waren. Wenn sie dem Knaben vom Tag seiner Geburt erzählte, zeigte sie auf seinen Bauchnabel, dass die Geschichte, die ihm so gut gefiel, die Wahrheit war und nicht etwa ein Märchen. Ein menschlicher Körper war in einem anderen menschlichen Körper herangewachsen, war aus diesem als ein Ganzes und Vollkommenes ausgetreten – geblieben war davon dieser kleine Knoten, als bleibender Beweis für eine erstaunliche Verwandlung.

Die Geschichte, wie Ovid sich in einen Unsterblichen verwandelte, beginnt zwangsläufig mit dem Tag seiner Geburt. Im alten Rom starben mehr Frauen im Kindbett als Männer im Krieg. Auch die Kindersterblichkeit war hoch; von allen Kindern, die in Ovids Geburtsjahr 43 v. Chr. zur Welt kamen, wurde die Hälfte derer, die überlebten, nicht älter als zehn Jahre.[2] Das Heranwachsen der Kinder war von allerlei magischem Denken begleitet, von fein abgestimmten Vereinbarungen mit den Göttern, die den Haushalt regierten. Doch in den ersten Stunden von Ovids Leben brachte die Hebamme auch viel praktische Erfahrung in ihren Dienst ein.

Unmittelbar nach der Geburt wurde das Kind sorgfältig gebadet, der ganze Körper leicht mit Salz bestreut und dann zwei oder drei Mal mit lauwarmem Wasser gewaschen. Bei der letzten Waschung entfernte die Hebamme den Schleim aus Nase und Hals, säuberte die Ohren und öffnete den After für die Ausscheidung des Kindspechs. Die abgebundene Nabelschnur wurde nun noch doppelt umgeschlagen, mit einem in Olivenöl getränkten Wollstückchen bedeckt und dann auf seinen Bauch gelegt, damit der Nabel sich wohl formte.

Nun war es an der Zeit, den Körper in Windeln zu wickeln, um so seine Formung und Entwicklung von der ersten Stunde an in gute Bahnen zu lenken. Es war eine komplizierte Aufgabe, die Erfahrung und Konzentration erforderte; manche Körperteile mussten zusammengedrückt werden, damit sie ihre „natürliche" Form annahmen, andere brauchten Spielraum. Das Binden fing bei den Händen des Kindes an. Lange Streifen aus Wollstoff wurden um die Finger gewickelt – ausgestreckt, damit die Hand flach blieb – und dann über die Mittelhand zum Unter- und Oberarm; beim Handgelenk wurde Druck angebracht, an der Schulter wurde lose gewickelt. Breitere Stoffstreifen kamen um den Rumpf. Dann wurden die Beine gewickelt, locker um die Oberschenkel und Waden, fester um die Knie, um die Knöchel und den Spann. Der Verband bedeckte Zehenspitzen wie auch Fingerspitzen. Um Fuß-, Knie- und Ellbogengelenke wurden Wollstücke gebunden, damit sich keine Entzündungen bildeten. Alsbald war der ganze Körper zu einem festen Paket geschnürt, das die Arme des Kindes eng an den Seiten und Beine und Füße gerade zusammenhielt. Schließlich wurde noch der Kopf mit einem Verband oder einem schmalen Schal umwickelt.

Dieses Prozedere fand in den ersten sechzig Tagen nach jedem Bad statt, genauso wie das tägliche Aufwickeln. Begonnen wurde mit der rechten Hand, um so die Rechtshändigkeit zu fördern. Die anderen Körperteile folgten, je nachdem, wie kräftig sie schon geworden waren.

Der Brauch war bei den Römern nicht nur Grundlage für die Theorie der Körperformung, sondern auch der allererste Schritt zur Aufnahme des Neugeborenen in die Familie. Tatsächlich war das erste Wickeln ein Vertrauensbeweis: Die Hebamme hielt das Kind, das sie zur Welt gebracht hatte, für gesund. Hatte sie es gewickelt, suchte sie den mutmaßlichen Vater auf und legte es vor ihm auf den Boden. Der Vater hob es dann hoch und nahm es auf den Arm, ein Ritual, das *tollere liberos* hieß. Verweigerte er es aus irgendeinem Grund, wurde das Kind nicht in die Familie aufgenommen. Man setzte es an einem Ort aus, wo es gefunden und später als Sklave aufgezogen werden konnte, oder es wurde von Eltern adoptiert, die selber keine Kinder haben konnten. Jedenfalls war das Schicksal des Kindes für den Vater dann nicht mehr von Interesse. Wurde es aber „aufgehoben", war seine Aufnahme in die Familie sichergestellt. Auf dem Familienaltar wurde eine Kerze entzündet, und man betete zu den Göttern, dass das Neugeborene am Leben blieb. An der Tür des Hauses wurde ein Kranz angebracht, um die Geburt allen kundzutun.[3]

Da die wesentliche Aufgabe einer Frau war, der Familie, in die sie hineinheiratete, einen männlichen Erben zu gebären, verwundert es nicht, dass der Beruf der Hebamme so hoch geschätzt wurde; die besten unter ihnen galten als Expertinnen. Dies geht aus einer Abhandlung über Frauenheilkunde aus dem späten 1. Jahrhundert n. Chr. hervor, deren Autor, bekannt unter dem Namen Soranus von Ephesus, als Arzt in Rom tätig war.[4] Man darf annehmen, dass sich eine solche

Expertin für „natürliche“ Geburt nur bessergestellte Familien wie die Ovids leisten konnten; sie war nicht nur für die Geburt verantwortlich, sondern auch unmittelbar für die Pflege der Mutter.

Höchstwahrscheinlich stillte die Mutter das Kind nicht selbst. Da Stillen die Produktion der Fertilitätshormone hemmt, wäre sie sonst nicht so bald nach dem ersten mit dem zweiten Kind schwanger geworden. Soranus rät überdies vom Stillen ab, weil es die Mutter ermüde und vorzeitig altern lasse. Hauptenährerin in den ersten Lebensjahren war normalerweise eine Amme, auch dies eine ausgebildete Expertin, auf deren Auswahl großer Wert gelegt wurde. Laut Soranus kam es nicht nur auf die Beschaffenheit der Brüste und der Milch, sondern auch auf Alter und Charakter der Kandidatin an.

Gesund sollte sie sein, zwischen zwanzig und vierzig, Erfahrung und emotionale Reife mitbringen, regelmäßig Sport treiben und auf ihre Ernährung achten. Keinen Alkohol sollte sie trinken, bis das Kind widerstandsfähig war, und sexuell enthaltsam leben, damit ihre Zuneigung ungeteilt dem Kind zukam. Und schließlich sollte sich das Kind an mehr als eine Amme gewöhnen, damit es, falls die eigene einmal krank oder sonstwie nicht verfügbar war, die Milch einer anderen nicht zurückwies.

Das bloße Gedeihen des Neugeborenen im Hause Ovid reichte allerdings nicht aus, damit es zum Familienmitglied wurde. Dazu bedurfte es auch einer religiösen Zeremonie. Neun Tage nach der Geburt eines Sohnes (acht nach der Geburt einer Tochter) versammelten sich Freunde und Verwandte und brachten ein unblutiges Opfer dar, bei dem vor den Hausgöttern Gaben verbrannt wurden. Durch diesen *dies lustricus* – Tag der Reinigung – sollte das Kind von der Beschmutzung durch die Geburt gereinigt werden. Es war ein wichtiges Fest

der Familie, doch auch die herausragenden Persönlichkeiten der Geburtsstadt des Kindes gehörten zu den Gästen, und alle brachten der Familie üppige Gratulationsgeschenke mit.[5]
Das Fest gipfelte in der Vergabe eines Namens. Wie jeder freigeborene Römer bekam der neugeborene Sohn drei: Publius Ovidius Naso. Der Vorname, *praenomen,* galt zu Hause und in der Bekanntschaft; die Römer hatten nur sehr wenige zur Auswahl – im Jahr 100 v. Chr. gab es lediglich achtzehn –, so dass bereits viele Männer Publius hießen. Ovid bekam diesen Vornamen möglicherweise im Gedenken an einen Verwandten. Er sollte ihn zumindest von seinem Bruder unterscheiden, der als Erstgeborener wohl nach dem Großvater genannt wurde. Mädchen in der Familie bekamen als Vornamen die weibliche Version des Familiennamens des Vaters; alle Schwestern von Ovid hätten demnach Ovidia geheißen und zu Hause auf einen Kosenamen gehört (allerdings erwähnt Ovid keine Schwestern).
Die beiden letzten Namen waren der Familie gemeinsam. Ovidius bezog sich auf die *gens*, also auf das Geschlecht der Ovids. Ovids *cognomen* Naso bedeutete „Nase“, was nahelegt, dass irgendein Vorfahre eine große Nase hatte oder vielleicht seine Nase in alles steckte; seither trug die Familie an dieser komischen Bürde.
Am Fest des Namenstags erhielt der Sohn oder die Tochter auch eine *bulla*. Dies war ein großer, runder, beutelförmiger Anhänger, in dem Glücksbringer versiegelt waren. In einer wohlhabenden Familie war die *bulla* aus Gold, wenngleich sie keineswegs als Schmuck gedacht war; an ihr konnte jeder auch auf die Entfernung erkennen, dass das betreffende Kind frei geboren war. Der kleine Publius Ovidius Naso trug seine *bulla* stets, bis er mit etwa sechzehn das Mannesalter erreichte. An seinem Namenstag erhielt er auch eine Reihe anderer

Amulette, mit welchen ihn die Familie am Leben zu erhalten hoffte, dies, obwohl gebildete Römer gegenüber magischem Denken skeptisch waren.
Mit der Namensgebung war die Ankunft des Publius offiziell, und der Stammbaum der Familie um einen Sohn erweitert, der genau ein Jahr jünger war als sein Bruder. Die Familienurkunden verzeichneten zum Geburtsdatum auch die Namen der Männer, die damals Konsuln in Rom waren: Aulus Hirtius und Gaius Vibius Pansa, beide von Julius Caesar kurz vor seiner Ermordung im Jahr vor Ovids Geburt ernannt. (Caesar wurde fünf Tage vor der Geburt von Ovids Bruder ermordet.) Das Datum berücksichtigte auch den römischen Festkalender: Beide Knaben waren am zweiten Tag von *Quinquatrus* geboren, einem fünftägigen, der Göttin Minerva gewidmeten Fest vom 19. bis 23. März. Außerdem wurde die Geburtsstunde festgehalten, damit das Horoskop erstellt werden konnte.[6]

Der Jüngste in der Familie

„Und nicht der Erstgeborene bin ich; nach einem Bruder,
ein Jahr älter als ich, kam ich als Zweiter zur Welt.
Beide sind wir beim Schein des Morgensternes geboren,
zweimal am selbigen Tag wurde ein Opfer gebracht:
Der von fünf festlichen Tagen der kriegerischen Minerva
war es, an dessen Beginn blutige Kampfspiele stehn.“[7]

So beschreibt Ovid in den autobiographischen *Tristia* seine Ankunft. Ob ein Sohn der erst- oder zweitgeborene war, hatte Einfluss auf das psychologische Klima der Erziehung. Damals bestand die Kernfamilie aus einem Hausstand von drei Generationen von Männern: dem *pater familias*, seinem Sohn und wiederum dessen Sohn. Deshalb war für Vergil diese Trias in der *Aeneis*, seinem Epos über die Gründung Roms, so wesentlich: Aeneas entkommt der brennenden Stadt Troja mit den Hausgöttern im Gepäck; seinen gebrechlichen Vater trägt er auf den Schultern, und seinen Sohn hält er an der Hand. Unterwegs verlieren sie seine Frau, und sie wird betrauert, aber ihr Verlust stellt die Integrität der Familie nicht in Frage; das überlebende männliche Dreiergespann gründet einen neuen Hausstand. Offenbar wurden in der Familie Ovids die beiden Knaben gleichermaßen umsorgt und geliebt; nach römischem Recht würden sie nach dem Tod ihres Vaters zu gleichen Teilen (mit anderen Geschwistern) als Erben eingesetzt.[8]

Der Abstand von zwölf Monaten, der die Ovid-Söhne voneinander trennte, spielte für die nächsten sechs Lebensjahre wohl keine große Rolle, aus praktischen Gründen wird die Familie sie als Gleichaltrige behandelt haben. Nach den Festlichkeiten kam der kleine Publius vermutlich zusammen mit seinem älteren Bruder in die Obhut der bediensteten Frauen, die von der Mutter angeleitet wurden.

Frauen waren also die ersten wichtigen Bezugspersonen der beiden kleinen Söhne im Hause des Ovidius. Darüber hinaus standen sie unter göttlicher Obhut: Die Göttin Opis (oder Ops) gab acht, ob der Vater das Kind nach der Geburt aufhob; für diesen Fall stand Levana bereit. Cuma schaukelte die Wiege, während Carmenta Wiegenlieder sang, und Vegetanus beruhigte es, wenn es weinte. Rumina passte auf, dass es die Brust nahm; später half Polina ihm, aus einem Becher zu trinken, und Edura brachte ihm das Essen von fester Nahrung bei. Osslago und Carna wirkten im heranwachsenden Körper des Kindes und gaben ihm Kraft. Statilinus (oder Statanus) zeigte den Kleinen das Stehen und Gehen, Fabulina brachte ihnen das Sprechen bei, Camaena das Singen. Paventia beschützte sie vor jeglichen Gefahren der Kindheit. Schon in frühen Jahren wurden

den Kindern Geschichten erzählt, wie die unsichtbaren Gottheiten die Welt der Menschen beeinflussten und wie man ihnen Respekt erwies. All dies gehörte zur Entwicklung zum Römer.

Herkunft

Am frühen Morgen, noch in der Dämmerung, schreckte ein Geschrei die kleinen Buben aus dem Schlaf. Es kam aus dem Zimmer, in dem ihr Großvater lag. Drei Tage zuvor hatte man ihn bewusstlos auf einer Bahre aus den Bergen herab ins Haus getragen. Er war im Apennin auf einem unebenen Pfad, den man kaum als Straße bezeichnen konnte, unterwegs von Sulmo zur Via Valeria gewesen, als sein Pferd stolperte und er kopfüber aufs Geröll stürzte. Seit seiner Ankunft in der Villa hatten Ärzte ihn versorgt, und die Knaben sollten sich fernhalten und keinen Lärm machen. Publius war erst fünf Jahre alt, aber folgsam zu sein hatte er bereits gelernt. Wenn er es einmal vergaß, erinnerte ihn sein Bruder daran.

Plötzlich wurde die Stille des Hauses vom schrillen, grauenhaften Ton einer Stimme unterbrochen, wie sie ihn noch nie gehört hatten; sie wussten, dass es die Stimme ihrer Mutter war, ein schreckliches Jammern, das anhob und wieder abebbte – keine Worte, nur ein furchtbares Wehklagen, das gar nicht aufhörte. Die Bediensteten wachten davon auf und eilten ins Zimmer des Großvaters, und schon bald wehklagten auch die anderen Frauen.

Der Großvater hatte den Buben das Reiten beigebracht, kaum dass sie ohne Hilfe aufrecht sitzen konnten. Er hob sie auf den Rücken des Pferdes und hielt sie mit den Händen, so dass sie nicht aus dem Gleichgewicht kamen; sie sollten spüren, wie ein Pferd reagiert, noch ehe sie laufen lernten. Als sie älter wurden, nahm er sie mit, wenn er die Weinberge und Obstplantagen inspizierte, und bei diesen gemeinsamen

Spaziergängen sprach er mit ihnen. Er erzählte ihnen Geschichten über den Stamm der Paeligner, zu dem ihre Familie gehörte, und über die Eskapaden ihres Urgroßvaters, der ein Held in jenem italischen Krieg gewesen war, in dem die Paeligner das römische Bürgerrecht erlangt hatten. Der Urgroßvater hatte sich geweigert, den Eisenring zu tragen, der nach der gewonnenen Schlacht Zeichen für den Besitz des Bürgerrechts war. Er wollte kein Römer sein, sondern frei von römischer Ausbeutung. In jenen Kriegen hatte ihr Großvater Seite an Seite mit ihrem Vater gekämpft, sobald dieser alt genug war. Aber er gehörte zur jüngeren Generation, und er trug den eisernen Ring gerne. Warum auch nicht? Er war das Zeichen für einen wichtigen Sieg. Dennoch sollten seine kleinen Enkel militärische Leistungen nicht glorifizieren. Frieden war besser als Krieg, belehrte er sie, und am besten konnte man leben, wenn man in ihrem von Bergen umfriedeten Tal, weit vor den Toren der Stadt Rom, den Boden bestellte. Die Knaben verstanden noch nicht recht, welche Rolle die Paeligner in der römischen Geschichte gespielt hatten, aber sie waren stolz, dass sie mit ihrem Großvater zusammensein durften und dass er so ernsthaft mit ihnen über ihre Familie sprach.

Jetzt war mit diesem Großvater etwas Schlimmes passiert, daran bestand kein Zweifel. Stunden verstrichen an diesem Morgen, und zwischen den Zimmern war ein Kommen und Gehen; von dem kleinen Raum, den sie teilten, bekamen sie das mit. Dann wurde es merkwürdig still im Haus, aber noch immer kam niemand, um sie aus dem Bett zu holen, zu waschen und ihnen etwas zum Essen zu bereiten. Lustlos beschäftigten sie sich mit ihrem Schafsknöchelchenspiel oder setzten mit den kleinen Buchstabenplättchen aus Elfenbein, die sie zum Geburtstag bekommen hatten, Worte zusammen. Am Ende schliefen beide wieder ein.

Sie wurden von Schritten geweckt, die sich ihrem Zimmer näherten. Eine Hand schob den Vorhang zur Seite, und zu ihrem Erstaunen stand ihr Vater da. Noch nie, nicht ein einziges Mal seit ihrer Geburt hatte er den hinteren Trakt des Hauses betreten, wo die Frauen, Kinder und Sklaven ihre Zimmer hatten. Im Alter von sechs und fünf waren die Knaben zu jung, um ihn überhaupt zu interessieren; außer an Festtagen verbrachte er keine Zeit mit ihnen. Ihr Vater war im Wesentlichen damit befasst, die Gutsgeschäfte zu verwalten. Er wohnte in einem Zimmer gleich zum Garten hin, hinter dem großen „tablinum", das dem Großvater als Empfangsraum und Schlafzimmer diente.

Jetzt kniete sich der Vater an ihr Lager und wandte sich ihnen freundlich zu. Er teilte ihnen mit, dass ihr Großvater tot war – ein großartiger Mann, bekannt für seine Tapferkeit in der Schlacht und für seinen Gerechtigkeitssinn, einer, der seiner Stadt stets gedient hatte. Jahrelang sei er auch das Familienoberhaupt gewesen, erklärte der Vater. Obgleich die Knaben noch zu jung waren, um an den strengen Ritualen teilzunehmen, mit denen die Familie die Hausgötter verehrte, waren sie doch alt genug, die Trauer der Familie zu teilen. Er nahm sie bei der Hand und führte sie ins Atrium im vorderen Teil des Hauses.

Dieser Raum war zum Himmel hin offen, und das kräftige Mittagslicht überflutete den langen Tisch, der unter der Öffnung stand. Der Tisch war mit einem besonders kostbaren Teppich bedeckt, darauf lag ein Holzkasten, geschmückt mit Girlanden aus süß duftenden Blüten, die in grüne Zweige geflochten waren. Am Fußende des Sarges stand ihre Mutter, ruhig und mit gefalteten Händen. Ihr Leiden und ihre Trauer hatten sich schon durch das Wehklagen mitgeteilt, jetzt sahen die Knaben, welche sichtbaren Spuren es hinterlassen hatte.

Ihre Wangen waren eigenartig zerfurcht von langen blutigen Striemen, als hätten Hiebe von Tierkrallen sie verletzt, und ihr langes dunkles Haar war zerdrückt und wirr. Ihr Gewand war zerrissen und mit Asche vom Herd befleckt.

Die Knaben waren zu klein, um über den Rand des Sargs zu schauen; der Vater hob einen nach dem anderen hoch, so dass sie ein letztes Mal das Gesicht des Großvaters sehen konnten. Am folgenden Tag, so sagte man ihnen, würde ihr Vater die Prozession anführen, die den Leichnam zu dem Scheiterhaufen auf einem Bestattungsfeld außerhalb der Stadt begleitete. Viele, sehr viele Trauergäste würden an dieser Prozession teilnehmen – alle Würdenträger von Sulmo und der weite Bekanntenkreis ihres Großvaters sowie alle Verwandten, die nah genug wohnten. Am Ende dieses langen Tages würden die Knochen des Großvaters in eine Urne gelegt und im Familienmausoleum beigesetzt; dann würden sie die Totenmaske, die man dem Leichnam vor der Verbrennung abnahm, ins Wohnhaus der Familie bringen und in einem Schaukasten neben dem Familienaltar aufbewahren.

Das Trauerritual der Familie war eine private Angelegenheit und wurde im eigenen Haus abgehalten. Zur Vorbereitung schickte man die Knaben mit ihrer Kinderfrau zum Baden. Das Haar wurde gerichtet, und die „toga praetexta" wurde ihnen angelegt, ein Gewand nur für besondere Anlässe, das mit seinen violetten Streifen ihren Stand als freie Kinder anzeigte. Sie kehrten mit der Kinderfrau wieder an den Herd in der Küche zurück, wo die übrige Familie und die Sklaven bereits versammelt waren; auch die Sklaven gehörten zum Haushalt, den der Geist des Großvaters jetzt verlassen hatte.[9]

Zuerst schlachtete der Vater ein Lamm aus der eigenen Herde, mit dem Messer, das für Rituale immer am Herd bereitlag, und er fing das Blut in einer großen Schale auf. Geschickt öffnete er den Bauch, nahm die Eingeweide heraus und legte sie aufs Feuer; zusammen mit dem Blut wurden sie den Göttern unter rituellen Gebeten geopfert. Die Familie und die Sklaven beteten mit, während die Flammen knisterten und die Eingeweide verschmorten. Dann schritt der Vater zu einem kleinen Gitter, hinter dem in einer Nische die Bilder der Haus-Laren und -Penaten an die Wand gemalt waren: zwei tanzende Knaben in festlichem Gewand, zu beiden Seiten einer würdigen Gestalt in weißer Toga. Dies war das Bild des „genius", des Geistes des Hauses, der für ein langes Leben sorgen sollte. Weihrauch und Safran waren in Votivschalen aufgehäuft, und ein gefüllter Weinkrug stand bereit. Als sich alle am Altar versammelt hatten, begann der trauernde Vater mit leiser Stimme die Worte der Aussegnung zu sprechen. Am Ende bat er um Schutz für die Knaben, von denen die Zukunft der Familie abhing, und einer nach dem anderen warf Weihrauch in die Flammen, ehe der Vater das Feuer mit Wein löschte, ein Trankopfer für den Geist des Hauses. Mit dieser Geste bestätigte er seine Rolle als neuer „pater familias", als Familienoberhaupt.

Der Stammsitz der Familie Ovid war Sulmo, eine Stadt etwa 120 Kilometer nordöstlich von Rom, in den Abruzzen. Umgeben von Bergen, die sich in eine Höhe von fast 2.500 Metern erheben,[10] lag Sulmo auf einer fruchtbaren Hochebene mit „kühlen Brunnen", wie Ovid berichtet, ein hügeliges Weideland mit Terrassen, auf denen Wein, Obst und Oliven gediehen. Wie einst findet man dort heute Trüffel in großen Mengen, Safran wird angebaut, und man stellt feinen Mozzarella her. Früher Geschichtsschreibung zufolge war Hannibal im Zweiten Punischen Krieg bei seinem Marsch auf

Rom durch Sulmo gezogen; seine Soldaten sollen sich nach anstrengender Schlacht mit dem roten Montepulciano der Gegend erquickt haben.

Die Paeligner, die Sulmo besiedelten, waren Ende des 4. Jahrhunderts v. Chr. in die Annalen eingegangen, als sie lose Beziehungen mit ihren Stammesnachbarn, den Marsi, den Marrucini und den Vestini hatten, mit denen sie gemeinsam die Hafenstadt Aternum, das heutige Pescara, an der Adria nutzten.[11] Ihre Muttersprache war oskisch, doch für religiöse und private Zwecke war bis Mitte des 1. Jahrhunderts v. Chr. der paelignische Dialekt gebräuchlich. In der Frühgeschichte der römischen Republik erwiesen sich die Paeligner als erstklassige, mutige Kämpfer. In den Kriegen, die Rom mit seinen aggressiven Nachbarn, den Samniten, führte, schlugen sie sich auf die Seite Roms, als die römische Armee eine Hintertür zu samnitischem Gebiet brauchte.

Für ihre Loyalität wurden sie nicht entschädigt. Als Rom im 2. Jahrhundert v. Chr. einen kolonialen Expansionskurs verfolgte, litten die italischen Gemeinden ungeheuer darunter, dass sie kein Bürgerrecht hatten. Männer aus jener Gegend wurden in großer Zahl zu den Armeen eingezogen, die Rom für seine militärischen Ziele brauchte; als Nicht-Bürger waren diese Truppen Diskriminierungen ausgesetzt und dienten als „Kanonenfutter".[12] Währenddessen wurden die Provinzen von einer anderen römischen Armee überfallen, den geldgierigen Steuerpächtern, deren Befugnisse auch das Privileg einschlossen, Land zu konfiszieren. Mit der Landnahme wurden auch Tausende Soldaten belohnt, die in den zahlreichen Armeen von römischen Generälen dienten. Viele Landadlige bildeten Allianzen mit römischen Senatoren, wenn diese ihnen Schutz vor den Landnahmen bieten konnten. Es ist nicht bekannt, ob die Paeligner von dieser Gefahr bedroht waren;

möglicherweise standen sie bereits unter dem Protektorat der Valerii, von denen der spätere Mäzen Ovids abstammte.
Die Paeligner konnten weder ein Rechtsverfahren einleiten noch auf Kompensation klagen; sie durften auch nicht in Berufung gehen. Einzelne Anführer protestierten in Rom und verlangten das Bürgerrecht. Als Reaktion erließ der Senat 95 v. Chr. die *lex Mucia*[13], ein drakonisches Gesetz, das allen Nicht-Bürgern den Aufenthalt in der Stadt Rom untersagte. 91 v. Chr.[14] eskalierte der Widerstand gegen diese Bedingungen. Der Landadel an der adriatischen Seite Italiens bildete eine Koalition und unternahm einen Unabhängigkeitsfeldzug, das *Bellum Italicum.* Große, starke Truppenverbände wurden von den Stammesführern zusammengezogen – Ovids Urgroßvater kämpfte als Angehöriger der paelignischen Aristokratie vermutlich in diesem Krieg, vielleicht war er einer der Anstifter. Die italische Allianz sagte sich von Rom los und bildete dann rasch einen mit Rom rivalisierenden Staat, *Italia.*[15] Hauptstadt war die Festungsstadt Corfinium, etwa 13 Kilometer nördlich von Sulmo; die Rebellen tauften sie in *Vitellio* um, die oskische Version von *Italia.* Dieser Name ist auf damaligen Münzen zu sehen. Eine davon zeigt acht Kämpfer, die einen Eid schwören; vermutlich symbolisieren sie die Stämme dieser Konföderation.
Das *Bellum Italicum* dauerte offiziell zwei Jahre und endete mit Roms Zugeständnis, dass alle Völker in den italischen Gebieten das Bürgerrecht erhielten; dazu gehörten auch die Paeligner, und eine der Städte, die von einem *oppidum*, also einer Siedlung, zu einem *municipium*, einer Stadt römischer Bürger mit römischen Institutionen, aufstiegen, war Sulmo.[16] „Romanisierung“ war eine bewährte Methode, das städtische Leben neu zu organisieren, wenn die römische Armee die Aufständischen unterworfen und Latein als offizielle

Sprache eingeführt hatte. Sehr geschickt überließen die Römer die neue Verwaltung den lokalen Führern, von denen auch erwartet wurde, dass sie ihr Vermögen für den Wiederaufbau der Stadt nach dem römischen Standardplan einsetzten. Wurde die betreffende Stammessiedlung als für die Entwicklung zur römischen Stadt ungeeignet erachtet, errichtete man daneben eine gänzlich neue Stadt, so dass die wichtigsten Kriterien erfüllt werden konnten. Dazu gehörten vor allem ein Straßennetz, das für die Wasserversorgung notwendig war, sowie eine planmäßige Anlage öffentlicher Gebäude: ein Forum, eine Halle für Rechtsprechung, Bäder, ein Theater und ein Amphitheater. Männer wie Ovids Großvater und seinesgleichen waren als größte Landbesitzer der Region für diese Neuerungen zuständig und sprachen schon bald fließend Lateinisch.

Genau wie Ovids Urgroßvater und Großvater Jahrgänge waren, die im *Bellum Italicum* dienten und so vermutlich in den Genuss beträchtlicher Vergünstigungen kamen, so hatten sein Großvater und sein Vater an den Bürgerkriegen teilgenommen, die vierzig Jahre später begannen. Als Julius Caesar 49 v. Chr. seine Legionen über den Rubicon führte und auf paelignisches Gebiet zumarschierte und Mark Anton in dessen Namen in Sulmo einzog, war Ovids Vater, etwa 36 Jahre alt, vermutlich einer der Männer, die an diesem Tag Waffen trugen; dass sie sie als Willkommensgeste für Caesar niederlegten, sollte sich später lohnen: Octavian, Caesars Adoptivsohn, erhob die Familie Ovid zum Dank für ihre Loyalität in den Ritterstand.

Die Teilnahme an zwei großen Kriegen und die Erlangung des römischen Bürgerrechts waren das wichtigste Erbe der ovidischen Familie und prägten das spätere Schicksal des Dichters. Die Generation seines Großvaters wie die seines Vaters hatten das Mannesalter unter idealen historischen Bedingungen erreicht, um in ihrer Klasse aufzusteigen. Als Aristokraten und als Krieger wurden sie mehrfach ausgezeichnet, und nicht zuletzt traf Octavian die Regelung, dass Männer aus noblen italischen Familien römische Senatoren werden konnten. [17] Am Ende der *Amores*, seines ersten Gedichtbands, ruft Ovid seine Herkunft in Erinnerung:

„[...] mich wird
Einst man nennen den Ruhm des paelignischen Stamms,
Den zu ehrendem Kampf sein Freiheitssinn einte, als vor der Bundesgenossenarmee ängstlich erzitterte Rom.
Wenn des wasserreichen Sulmos Mauern, die wenig
Fläche umschließen, dereinst irgendein Fremder erblickt,
Wird er sagen: ‚Ihr habt einen großen Dichter geboren;
Deshalb muß ich euch groß nennen, so klein ihr auch seid.‘“[18]

Von der Stadt, die Ovid preist, ist im heutigen Sulmona keine Spur geblieben, es sei denn die paar alten Mauern einige Kilometer außerhalb, die bei den Einheimischen *Villa Ovidio* heißen.[19] In Ovids Kindheit muss man sich ein aufstrebendes römisches *municipium* vorstellen – eine nach dem römischen Standardplan gebaute Stadt mit römischen Regierungsinstitutionen –, in der die Villa dieser hochgeborenen Familie herausragte. Allerdings ist „hochgeboren“ relativ zu verstehen: Offenbar waren Ovids Vorfahren städtische Gutsherren, was nach römischen Gepflogenheiten bedeutete, dass sie gemeinsam mit ihren Sklaven auf dem Gut arbeiteten.[20] Ovid erwähnt Weinberge, Obstplantagen und Gärten.[21] Hier wurden Grundnahrungsmittel wie Weizen, Oliven und Trauben sowie Gemüse für den eigenen Verbrauch angebaut. Dazu hielt man Hühner, Schafe, Ziegen und Schweine, deren Jungtiere man

mit Vorliebe an religiösen Festen schlachtete. Ein Teil wurde den Hausgöttern auf dem Hausaltar zum Opfer gebracht, den Rest verzehrte die Familie beim Festmahl.[22]
Da die Paeligner als gute Reiter bekannt waren, züchtete die Familie Ovid vermutlich auch Pferde; in Rom ging Ovid gern zu Rennen und gebraucht häufig Metaphern aus diesem Gebiet. Vieh besaß die Familie in Sulmo wohl nicht; Viehzüchter hielten ihre Herden für den Ertrag und waren nicht Eigentümer der Ländereien, auf denen sie die Tiere weiden ließen. Städtische Gutsbesitzer wie Ovids Vater sahen sich dagegen nicht als „Arbeiter", sondern als kultivierte Menschen, die ihre Ländereien hauptsächlich für den Eigenbedarf bewirtschafteten. Zum kultivierten römischen Leben gehörte auch, sein Haus einzurichten, sich körperlich gesund zu halten und geistig zu bilden und erstaunlicherweise auch die Kochkunst.[23]
Der paelignische Besitz von Ovids Vater diente einem solchen Lebensstil, und in den warmen Monaten war es dort recht idyllisch, wenn wir Ovids Beschreibung glauben, die er in einem Liebesbrief in den *Amores* gibt:

„Sulmo hält mich fest, ein Drittel des Lands der Paeligner;
Klein, aber wasserreich ist dieses Gebiet und gesund.
Mag auch die Sonne die Erde zerspalten, wenn nah ihr Gestirn ist,
Mag der ikarische Hund funkeln, der hitzige Stern,
Klares Wasser durchschlängelt doch stets die paelignischen Fluren,
Und auf dem weichen Grund wuchert ein üppiges Grün.
Reich ist das Land an Korn, viel reicher an Trauben, und lockres
Erdreich bringt Pallas' Baum, reich an Oliven, hervor.
Und auf den Wiesen, die stets sich erneuern, weil Bäche dort fließen,
Spendet dem feuchten Grund Schatten das üppige Gras."[24]

Die prägendsten Erinnerungen an Ovids Jugend in der Provinz finden sich in den *Metamorphosen* und sind keineswegs nostalgisch. Voller Wälder und Tiere ist diese Welt, in der sich der Dichter auskennt, weil es die seiner Kindheit ist. Manches war gefährlich, es gab – wie heute noch in den Abruzzen – Wildschweine, Bären und Wölfe, und die paelignischen Landbesitzer gingen mit Netzen und Speeren auf die Jagd,[25] genau wie in den *Metamorphosen,* wo der mythische Prinz Actaeon Wild jagt und durch die Göttin Diana ein schreckliches Schicksal erfährt. Auch von einer kühlen Quelle namens Hippocrene am Helikon ist die Rede, wohin sich die Kriegsgöttin Minerva zurückzieht, als sie vom grauenvollen Gemetzel einer Schlacht kommt, und die Nymphe Pomona pflegt liebevoll einen umfriedeten Obstgarten.
Ovids Erzähler verleiht den mythischen Landschaften familiäre Vertrautheit; sie klingt auch aus der Beschreibung, wie Jupiter dafür sorgt, dass Arkadien wieder blüht und gedeiht, nachdem ein schreckliches Feuer beinahe Himmel und Erde zerstört hätte:

„Doch der Allmächtige Vater umschreitet des Himmels gewaltge
Mauern, und schaut, daß nichts, ins Wanken gebracht durch des Feuers
Macht, verfalle dem Sturz. Nachdem er alles in alter
Stärke befunden und fest, überblickt er die Erde, der Menschen
Nöte. Wichtiger ist ihm jedoch seines lieben Arcadiens
Pflege. Aufs neue belebt er die Quellen, die Flüsse, die noch nicht
Wagen zu rinnen, er gibt der Erde Gräser, den Bäumen
Laub und heißt den versehrten Wald sich wieder begrünen.
Da er so kommt und geht, wird sein Blick gebannt von der einen
Jungfrau des Landes […]“[26]

Jupiter als Gutsherr – das hat Ovids zeitgenössische Leser gewiss erheitert. Wenn die wohlhabenden Städter die Wochenenden und die heiße Jahreszeit auf ihrem Landsitz verbrachten, fühlten sie sich ihrer idealisierten Herkunft verbunden. In den Jahrhunderten, die das römische Reich unter Augustus von den mythischen Ursprüngen trennten, hatte sich auf dem Land nicht viel verändert – oder zumindest meinten es die Römer. Für Ovids Familie bestand die Verbindung weiterhin, und zwar sehr konkret.

Vater und Mutter

Ovid verbrachte vermutlich einen Großteil seiner Kindheit in Gesellschaft der Eltern, schlicht deshalb, weil er in der provinziellen Abgeschiedenheit von Sulmo aufwuchs. Von einem römischen Vater wurde erwartet, dass er eine aktive Rolle bei der Erziehung seines Sohnes übernahm und ihm insbesondere Selbstdisziplin beibrachte, die die Römer mit Redlichkeit verbanden. Allem Anschein nach hielt er in der Familie ein altmodisches Ethos hoch. „Wenn nur ein Ritter war, der Urahn ist meines Geschlechts, / Und mein Ackerland nicht von zahllosen Pflügen verjüngt wird, / Beide Eltern auch stets sparsame Wirtschafter sind […]“,[27] schrieb Ovid in einem seiner frühen Gedichte. Der Vater war Soldat und zugleich Gutsbesitzer. Abgesehen vom Bücherstudium, zu dem er sie anregte, unterwies er sie im Reiten und in den Fertigkeiten, derer es zur Verwaltung großer Güter bedurfte. Den Gedichten lässt sich entnehmen, dass er ein guter Reiter war und auch stolz auf seine landwirtschaftlichen Kenntnisse.

Vieles von dem, was man von den Eltern lernt, wird unbewusst vermittelt: ein bestimmter Status, eine Art zu urteilen. Eltern unterliegen auch heftigen Leidenschaften und teilen ungerechte Strafen aus, die Kinder nicht verstehen; gleichwohl dürfen sie die hoch über ihnen schwebende Autorität nicht in Frage stellen.

Ovids Werk siedelt die Familienbeziehungen in der Welt der Götter an. Besonders zwei Vaterfiguren fallen auf, die sich von den Kindern in ihren väterlichen Gefühlen manipulieren lassen, so dass sie dem römischen Verhaltenskodex zuwiderhandeln. Der Knabe Phaethon, verunsichert über seine Herkunft, möchte von seinem Vater, dem Sonnengott Apollon, wissen, ob er tatsächlich sein Vater sei. Um es zu beweisen, verspricht ihm Apollon draufgängerisch, er werde ihm jeden Wunsch erfüllen. Als Gott kann er kein Versprechen zurücknehmen, und so gewährt er Phaethon den Wunsch, für einen Tag den Sonnenwagen zu lenken. Phaethon zerstört dabei fast den ganzen Himmel und die Erde, ehe er herabstürzt und verbrennt.

Der andere ist der Flussgott Penëus, Vater der Nymphe Daphne, einer jungen Schönheit, die gerne durch die Wälder streift und Tiere fängt. Sie ist gerade im heiratsfähigen Alter, als römisches Mädchen demnach etwa zwölf, und der Vater erinnert sie daran, dass sie ihm einen Schwiegersohn und einen Enkelsohn schuldet. Daphne gefällt die Aussicht aufs Heiraten überhaupt nicht, sie widersetzt sich aber nicht offen, sondern bietet ein gewieftes Argument auf: Jupiter, der Vater der Göttin Diana, habe doch seiner Tochter gestattet, Jungfrau zu bleiben. Könne das Penëus, schließlich selber ein Gott, nicht als Präzedenzfall nehmen und ihr dasselbe Privileg gönnen?

Wäre Penëus ein strenger römischer Vater, wäre er für den schmeichelhaften Vergleich nicht empfänglich gewesen. Unklugerweise gewährt er aber Daphne den Wunsch und lässt sie weiter so ungehindert durch die Wälder streifen, als wäre sie noch ein Mädchen, nicht eine begehrenswerte junge Frau. Sie läuft dem jungen Apollon über den Weg, der sofort entflammt und ihr nachjagt. Verzweifelt reißt sie die Arme hoch

und fleht Penëus an, sie von ihrem Körper zu befreien; so wird sie in einen Lorbeerbaum verwandelt.
Väter wie Kinder erscheinen in den Geschichten als töricht, die Kinder allerdings nur aufgrund ihrer Jugend. Apollon sucht die Nähe zu seinem Sohn, die ihm als Gott nicht gestattet ist. Er legt, als Phaethon auf seinen Thron zukommt, das funkelnde Götterdiadem ab und möchte den Sohn wie ein Vater umarmen. Auch Penëus trifft Schuld, indem er der Tochter einen unziemlichen Wunsch durchgehen lässt. Die Kinder wollen anders sein und verfehlen so die Reifung zum Erwachsenen. Phaethon ist besessen von der jugendlichen Phantasie, dass seine Eltern anders und besser sind, als die Welt glaubt, und er verführt Apollon dazu, es zu beweisen. Daphne klammert sich ängstlich an die flüchtige Freiheit des Mädchens, während die Pubertät ihren Körper einholt.
Die beiden Geschichten gestatten natürlich noch keinen Einblick in die Familienbeziehungen der Ovids, so gern man dies hätte. Aber sie vermitteln, wie ungewöhnlich Ovids Phantasie war – ungewöhnlich gemessen an der Kunst seiner Zeit. Ovid interessierte sich für die Psychologie der Väter, und er kann sie emotional überzeugend vermitteln. In beiden Geschichten wird der Vater verletzlich, indem er die Wahl hat und somit auch das Falsche tun kann. Ohne es zu wollen, richtet er beide Male durch eine impulsive Entscheidung ein Kind zugrunde und leidet zugleich furchtbar darunter.

„Denn es verhüllte und barg in erbarmenswürdiger Trauer
Gramvoll der Vater sein Haupt, und, ist der Kunde zu glauben,
Schied da ohne die Sonne ein Tag […]
Gramvoll düster indes und bar der Zier seiner Strahlen,
Wie er zu sehn, wenn verdunkelt der Erd seinen Schein er verweigert,

Haßt des Phaethon Vater das Licht, den Tag und sich selber,
Gibt der Trauer sich hin, der Trauer, dazu auch dem Grolle,
Und er versagt der Welt seinen Dienst."[28]

Mit seiner Nachsicht gerät Apollon in Konflikt mit seinen Pflichten, und die anderen olympischen Götter müssen sich auf schwierige Verhandlungen einlassen, um ihn wieder zu seinem Amt als Sonnengott zurückzuführen.

Das Leid des Penëus bringt Ovid auf andere Art zum Ausdruck: Er findet eine Metapher. Nachdem Daphne zum Baum geworden ist, erscheint der Vater nicht mehr in seiner eigenen Gestalt, sondern als reißender Fluss, der auf einen Abgrund zustürzt.

„*Tempe heißt eine Schlucht in Thessalien. Waldige Hänge*
Schließen sie ein. Penëus, dem Fuße des Pindus entsprungen,
Wälzt seine schäumenden Wogen hindurch und ballt über schweren
Stürzen der Wasser Wolken aus Dunst, die zartere Schleier
Weiter entsenden, besprengt mit Gischt des ragenden Waldes
Wipfel, und tosend betäubt er mehr als, was ihm benachbart.
Hier sind Haus und Sitz und hier die Gemächer des großen
Stromes […]"[29]

Penëus als ohrenbetäubender Wasserfall, der seine Gischt so hoch peitscht wie die Baumwipfel: ein Bild von unbezähmbarer Emotion, die aus seinem Innersten hervorbricht. Durch die kühne Metapher wird eine Dramatik vermittelt, wie sie durch eine Geste, beispielsweise das Verhüllen des Gesichts, kaum zu erzielen wäre.

Nimmt man Ovids Hinweise auf seinen eigenen Vater, so war er göttlicher Unsterblichkeit ziemlich nahe: Er lebte bis ins hohe Alter von achtzig Jahren. Vermutlich war er bereits Ende vierzig, als Ovid geboren wurde, und während dessen jungen Jahren in der Position des *pater familias* – seine Autorität stand außer Frage. Nach römischem Recht hatte er über alle Familienmitglieder die absolute Macht, die *patria potestas*. Das hieß, dass er seine Verwandten oder die Seinigen sogar töten oder zum Tod verurteilen konnte, ohne dass es rechtlich anfechtbar war. Auch wenn diese Macht selten ausgeübt wurde, lebte sie doch in der Kultur der Römer als symbolisches Erbe aus alten Zeiten fort.[30] Sehr deutlich wurde sie zur Schau gestellt, wenn ein Kind am Tag der Geburt vom Vater zeremoniell vom Boden aufgehoben und in den Armen gehalten wurde – oder eben nicht.

Das Kleinkind hatte normalerweise wenig Kontakt zum Vater. Erst wenn es die Milchzähne verlor, etwa im Alter von sieben Jahren, wurde es den Männern zur Erziehung übergeben. Wohlhabende Römer überließen diese Verantwortung in der Regel einem Pädagogen, der mit der Familie lebte, oft ein gebildeter Sklave, bevorzugt ein Grieche.

Ovids Vater sorgte dafür, dass die Erziehung unter seinem Dach einem hohen Standard genügte. Dass er daran aktiv Anteil nahm und ihrem Unterricht beiwohnte, lässt ein Scherz vermuten, den Ovid in einem Gedicht erzählt. Sein Vater hat ihn dafür getadelt, dass er lieber Verse verfasse als zu lernen. Ovid bittet um Verzeihung und verspricht, nie wieder auch nur einen Vers zu schreiben – in der Form eines Verses. Er kann einfach nicht anders. Allerdings wurde dieses Talent von der römischen Gesellschaft wenig geachtet; bei einem Knaben sollte es nicht gefördert werden, ganz besonders dann, wenn er dazu berufen war, im späteren Leben einmal politisch tätig zu sein.

In den ersten sieben Lebensjahren wurden Kinder von ihren Müttern und Kindermädchen erzogen. Ovids Bruder wird wohl ein Jahr vor ihm den Unterricht bei Männern begonnen haben – der jüngere blieb ein wichtiges Jahr seiner Entwicklung allein bei seiner Mutter.

Hinweise auf die Mutter finden sich in Ovids Werk nicht, außer der Bemerkung, dass sie nach seinem Vater verstarb. Doch einiges kann man mit Fug und Recht annehmen: Sie war jünger als ihr Mann, sehr wahrscheinlich eine ganze Generation, und nicht älter als zwanzig, vielleicht sogar erst achtzehn, als sie heiratete; auch wenn Frauen als heiratsfähig galten, sobald sie ihre Periode bekamen, heirateten sie normalerweise erst etwas später. Sie war vermutlich nicht die erste Frau des Vaters. Vielleicht hatte Ovid Stiefgeschwister, die von einer früheren Frau stammten und die er nicht erwähnt. Seine eigene Mutter brachte wohl nur zwei männliche Kinder zur Welt, die überlebten: seinen Bruder und ihn.

In Sulmo führte sie gewiss kein luxuriöses Leben. Sie war für den Haushalt verantwortlich, und wenn sie eine große Mitgift eingebracht hatte, musste sie sich auch mit geschäftlichen Angelegenheiten befassen. In jedem Fall war sie für die frühkindliche Erziehung ihrer Söhne zuständig, also dafür, dass sie richtig Lateinisch und Griechisch sprechen lernten (alle römischen Kinder aus gutem Hause wuchsen zweisprachig auf), und sie brachte ihnen die Grundlagen von Lesen, Schreiben und Mathematik bei.

Ebenso wichtig war es, dass sie ihnen einen Sinn dafür vermittelte, was es hieß, ein frei geborener Römer zu sein. In der frühen Kindheit wird sie ihnen deshalb lehrhafte Geschichten erzählt haben, und zwar zu einer Tätigkeit, der sie gewiss gleich fast allen römischen Frauen nachging: Spinnen und Weben. Frauen mussten sämtliche Kleidung sowie Tisch- und

Bettwäsche für den Haushalt herstellen. Diese komplizierte Fertigkeit erlernten sie als junge Mädchen und praktizierten sie ihr ganzes Leben lang.
Ihr Können vorzuführen gehörte zur Hochzeitszeremonie einer jungen Frau. In der Nacht vor der Hochzeit war sie mit einer Tunika und einem gelben Haarnetz gekleidet, das sie auf einem speziellen Webstuhl gewebt hatte; am folgenden Tag, nach dem Hochzeitsritual, trug ein Mitglied des Brautgefolges ihre Spindel und ihren Webstuhl zum Haus des Ehemanns, zum Zeichen, dass sie nun hier lebte und arbeitete.[31]
Aus der römischen Lyrik geht hervor, dass begehrte Kurtisanen ihr Einkommen mit Spinnen und Weben ergänzten, wenn sie älter wurden – es war eine der wenigen Tätigkeiten, durch die eine Frau sich den Lebensunterhalt verdienen konnte. Allerdings war sie nicht ungefährlich: Man befeuchtete dabei den Faden mit Spucke, und die kleinen Fasern und Fusseln, die man so einatmete, konnten in die Lunge eindringen und zu Erkrankungen führen.
Nicht selten spannen und webten Frauen gemeinsam, und dann war auch die Stunde des Erzählens gekommen. Ovid stellt es in den *Metamorphosen* in einem lebendigen Bild dar: Die Töchter des Minyas bleiben lieber bei ihrer gemeinsamen Arbeit zu Hause, während sich die anderen Frauen der Stadt draußen an grausamen Ritualen zu Ehren von Bacchus beteiligen.

„[…] Des Minyas Töchter nur üben
Drinnen zur Unzeit die Kunst Minervas und stören die Feier,
Ziehen die Fasern der Wolle und drehn mit dem Finger den Faden,
Haften am Webstuhl und drängen zur Arbeit auch ihre Mägde.
Eine von ihnen, den Faden mit leichtem Finger verspinnend,

spricht: ‚Wenn die andern begehn die erdichteten Weihen
und feiern,
Wollen auch wir, die Pallas, die bessere Göttin, hier festhält,
Würzen mit buntem Gespräch das nützliche Werk unsrer Hände,
Etwas im Wechsel erzählen den müßigen Ohren im Kreise,
Wie es nicht duldet, daß die Zeit uns lange erscheine.‘“[32]

Die Geschichten, reihum erzählt, füllen viele Seiten, wobei Ovid den Schwestern vor allem Liebesgeschichten in den Mund legt. Auf die Geschichte von Pyramus und Thisbe folgt die über Leucothoë und Clytie, die sich beide hoffnungslos in den Sonnengott Apollon verlieben und schließlich erhört werden. Die nächste Erzählerin bietet den aus der *Odyssee* bekannten Bericht über den betrogenen Vulcanus, der das ehebrecherische Liebespaar Venus und Mars mit einem goldenen Netz einfing. Schließlich folgt die Geschichte von der Nymphe Salmacis, die, verrückt vor Leidenschaft nach einem schönen jungen Mann, in einen Teil seines Körpers verwandelt wurde. Es entstand ein Wesen, das „weder Frau noch Mann, keins von beiden oder beides“ war: ein Hermaphrodit.[33]
Den Leser platziert Ovid mitten unter den Erzählerinnen. Er bekommt aus der Nähe mit, wie diese ihre Möglichkeiten abwägen, ehe sie sich für eine Geschichte entscheiden, wie sie die Zuhörerinnen einstimmen und wie diese reagieren. Auf die Geschichte von Mars, Venus und Vulcanus reagieren sie eher wie die begeisterten Mitglieder eines Leseclubs und diskutieren sie, als wären die Götter richtige Menschen: „E i n Teil nennt's unmöglich, der andre versichert, die wahren / Götter vermöchten alles ...“[34]

Irgendwann in seinem Leben muss der Dichter Ovid Frauen dabei belauscht haben, wie sie ohne Männer miteinander redeten. War es in der Kindheit, als seine Mutter und ihre Vertrauten an den Webstühlen saßen und seine Phantasie bezauberten? Jedenfalls steht er in der klassischen Literatur auch darin einzig da, wie er die Gesellschaft der Frauen im Haus darstellt: als eine eigene, der männlichen Aufmerksamkeit entrückte Welt. Tauchte bei den Töchtern des Minyas ein unwillkommener Mann auf und unterbräche die Frauen, so würde sich die Szene sofort auflösen und verschwinden. Ein kleiner Knabe wie Ovid war wohl in der weiblichen Gemeinschaft geduldet.

Einen auffälligen Rang unter Ovids Frauengestalten nimmt die Göttin Minerva ein, Schutzpatronin aller Handwerke, besonders des Webens. Schon dies könnte auf eine versteckte Hommage an seine Mutter deuten, die Lehrmeisterin seiner ersten Jahre. Zudem fiel Ovids Geburstag, der 20. März, auf den zweiten Tag von *Quinquatrus*, an dem Minerva geehrt wurde. Ovid gebraucht Minerva und ihr griechisches Äquivalent Pallas Athene gleichberechtigt. Zu seiner Zeit waren sie zu einer Figur verschmolzen, und dies aufgrund ihrer intelligenten Kriegsführung – im Unterschied zur geistlosen Aggression, für die Ares beziehungsweise der römische Mars stand. In seinem Kommentar zum *Quinquatrus* in den *Fasti*, einem Werk über die religiösen Festtage im alten Rom, erwähnt Ovid seinen Geburtstag nicht, aber er begibt sich auf andere, ebenso persönliche Weise unter Minervas Fittiche: Seine Poesie gehöre zum Kunsthandwerk und er somit zu den Webern, Schustern, Schreinern und anderen Herstellern kunstvoller nützlicher Gegenstände.

„Ein Tag liegt noch dazwischen, dann ist das Fest der Minerva […]
Knaben und zarte Mädchen, jetzt sollt zu Pallas ihr beten:
Wer sie sich wohlgesinnt macht, den macht dann Pallas geschickt!

Wolle zu krempeln erlernen die Mädchen, und wie man den vollen
Rocken abspinnt, doch nur, wenn Pallas wohlgesinnt ist.
Sie lehrt auch, wie durch die grade Kette man läuft mit dem Schiffchen,
Und wie man mit dem Kamm dichtet das lockre Geflecht.
Ehre sie, der du die Flecken entfernst aus den schmutzigen Kleidern,
Ehre sie, der du planst, Wolle zu färben im Topf!
Niemand wird für den Fuß den richtigen Schuh machen, wenn ihm
Pallas zürnt, mag er auch klüger als Tychius sein.
Mag im Vergleich mit dem alten Epëus er handwerklich besser
Sein: Wenn Pallas ihm zürnt, wird nur ein Stümper er sein.
Ihr auch, die ihr mit Phoebus' Kunst die Krankheiten forttreibt,
Gebt von dem, was ihr habt, etwas an Pallas auch ab!
Ihr auch, Schulmeister, die man meist um den Lohn betrügt, haltet
Sie in Ehren – sie führt neue Eleven euch zu –,
Du, der den Stichel du führst, und du, der du Farben in Tafeln
Einbrennst, und du, dessen Hand kunstvoll die Steine behaut!
Schutzgöttin ist sie von tausend Künsten, auch Göttin der Dichtkunst:
Wenn ich's verdiene, sei sie freundlich gesinnt meinem Tun!"[35]

Pallas Athene/Minerva und Phoebus Apollon sind beide Schutzpatrone von Poesie und Kunst. Die ihnen zugeordneten Gerätschaften, der Webstuhl, der Bogen und die Lyra, haben eine Gemeinsamkeit: Saiten oder Fäden. Aber auch in der griechischen Sprache gibt es unterschwellige etymologische Verbindungen, mit denen Ovid spielt. *Lyra* geht vermutlich auf das indoeuropäische Wort *kerkolyra* zurück, das sich vom Verb *krekein* ableitet: ein Schiffchen über die Fäden schieben. Außerdem steckt im Wort für Weberkamm, *pecten*, das *plektron*, mit dem man die Lyra zupft.[36]

Hat die Symbolik von Pallas Athene/Minerva in den *Fasti* nichts stereotyp Mütterliches, so verhält sich das in den *Tristia* ganz anders. Wenn Ovid auf dem Weg nach Thrakien ins Exil den Golf von Korinth in einem Schiff namens Minerva überquert, so ist es für ihn die personifizierte unbezwingbare und tröstliche Beschützerin:

„Obhut der blonden Minerva erfleh ich für jetzt und für immer
meinem Schiff, das ein Helm ziert als sein Name und Schmuck.
Wenn es die Segel bewegen, so eilt es beim leisesten Lufthauch,
wenn es das Ruder bewegt, gibt ihm der Ruderer Schwung.
Und wie im Flug überholt es nicht nur seine Begleiter –
wer ihm beliebig voraus segelt, den holt es noch ein.
Stürmische See übersteht es, hält stand den sich türmenden Wogen,
niemals zerschellt es, besiegt von einem wütenden Meer.
Erstmals sah ich es nahe Korinth im Hafen von Cenchrae;
seither geleitet es treu mich auf der hastigen Fahrt.
Und in so mancher Gefahr, zwischen Wogen, die widrige Winde
peitschten, gab Pallas ihm stets sicheren göttlichen Schutz.
Sichere Fahrt durch die Mündung des schrecklichen Pontus erfleh ich
auch nun, und dass es sein Ziel findet am getischen Strand.“[37]

Nicht nur an dieser Stelle in den *Tristia*, wo er von ihr geschützt wird, spricht Ovid der Göttin Pallas Athene/Minerva die Rolle der Mutter zu. In den gesamten *Metamorphosen* erscheint sie als ein komplexer psychologischer Charakter mit erstaunlich mütterlichen Zügen.

Als besonders wichtige Gestalt tritt sie im 5. Buch in Erscheinung: Eben noch war sie stille Beobachterin ihres Bruders Perseus, der bei seiner Hochzeit mit Andromeda ein wüstes Gemetzel anrichtet und sich bestens dabei amüsiert, den Gästen den Kopf der Medusa vor die hilflosen Augen zu halten und sie dadurch in Steine zu verwandeln:

„Bis dorthin gab Pallas Geleit ihrem goldeentstammten
Bruder, dann schied sie […] nach Theben
Und zu der Jungfraun Helicon hin. Als sie diesen erreichte,
Machte sie halt und redete so zu den kunstreichen Schwestern:
‚Kunde ist mir zum Ohr von der neuen Quelle gedrungen,
Welche der harte Huf des Gorgovogels geschlagen,
Sie ist der Grund meiner Fahrt. Ich wollte das Wunder betrachten;
Hab' ich ihn selbst doch gesehn sich dem Blute der Mutter entschwingen.'
‚Was auch immer, o Hehre, dein Grund, dies Heim hier zu schauen',
Sprach Urania drauf, ‚unsern Herzen bist hoch du willkommen.
Wahr ist die Kunde indes, und Pegasus hier unsrer Quelle
Ursprung', und führte Minerven hinab zu dem heiligen Wasser.
Diese bewunderte lang die hufschlagentquollenen Wellen,
Blickte darauf umher auf die Haine, die Wälder, die alten,
Rings auf die Grotten und die im Schmuck von unzähligen Blumen
Prangenden Wiesen und pries ob der Kunst, ob des Ortes die Töchter
Mnemones glücklich, doch ihr entgegnete eine der Schwestern:
‚O Tritonia, die du in unseren Reihen getreten
Wärest, wenn Tapferkeit nicht zu höherem Werk dich berufen,
Wahres sprichst du und lobest zurecht die Kunst und den Ort hier…'“[38]

Weiter berichtet die Muse, wie die Kunst der Schwestern jüngst einen Vergewaltiger abgewehrt hätte. Der kriegerischen Zuhörerin gefällt die Geschichte, sie will mehr hören. Sie erkundigt sich nach einem Vogel, den sie mit menschlicher Stimme aus den Bäumen rufen hört. Offensichtlich ist ihre Aufmerksamkeit gefesselt, und die nächste Geschichte folgt – ein weiterer Kampfbericht. Dann hält die Erzählerin inne, um Athene listig zu fragen, ob die Musen sie etwa langweilten.

„‚... Klangvoll hatte ihr Mund so weit zur Leyer gesungen,
Uns verlangte man nun. – Doch fehlt vielleicht dir die Muße,
Und du hast nicht die Zeit, dein Ohr unserm Sange zu leihen?‘
‚Doch‘, sprach Pallas, ‚tragt euer Lied mir getrost nach der Ordnung
Vor‘, und sie setzte sich nieder im sanften Schatten des Haines.“[39]

Tatsächlich bleibt Pallas für den Rest des umfangreichen 5. Buches sitzen und hört sich an, wie weibliche Geschicklichkeit und Kunstfertigkeit unzählige Male weibliche Interessen wahrten. Die längste dieser Schilderungen ist eine Muttergeschichte, und zwar die Erzählung über die Göttin Ceres, die ihre Tochter Persephone vor dem König des Hades errettete. Warum ist diese sonst so ungeduldige Göttin dafür empfänglich? Vielleicht weil die Musen – denen Ovid den Beinamen „Töchter der Erinnerung“ gibt – alle von Jupiter abstammten, wie ja auch Pallas Athene. Allerdings kannte nach der Überlieferung Pallas ihre Mutter gar nicht. Sie war von Jupiter mit der Göttin Metis gezeugt worden, der „Göttin des klugen Rates“. Aber nachdem Jupiter von einem Orakel gewarnt worden war, sein nächster Nachfahre werde ein Sohn sein und ihn stürzen, verschlang er Metis, so dass sie ihr Kind nicht austragen konnte. Als die Zeit erfüllt war, begann Jupiters Kopf gewaltig zu schmerzen; er barst entzwei, und voll gerüstet und gewaffnet sprang Athene heraus. Wenn sie auch nicht wissen konnte, wer ihre Mutter war, so war ihr von ihr doch große Weisheit mitgegeben.

Eine der schönen Ironien der *Metamorphosen* ist es, dass sich Pallas Athene an dieser Stelle des Epos Geschichten von Töchtern erzählen lässt, die väterlicherseits ihre Schwestern sind, aber sonst nicht; außerdem bekommt sie dabei Einblick in eine weibliche Welt und ihre Probleme, die sie nicht kennt; und schließlich sind die Erzählerinnen die Patroninnen der Kunst höchstpersönlich: die Musen. Als Pallas den Helikon verlässt, am Ende des 5. Buches, macht Ovid die nachhaltige Wirkung der Geschichten, die sie gehört hat, zum Thema der Überleitung:

„Pallas hatte ihr Ohr den Worten der Musen geliehn, ihr
Lied, ihren Zorn, den gerechten, gelobt; dann sprach zu sich selbst sie:
‚Loben allein ist zu wenig, – gelobt zu werden verlang' ich,
Und nicht ungestraft meine Gottheit mißachtet zu wissen!'
Und es wendet ihr Sinn dem Schicksal Arachnes sich zu, von
Der sie gehört, sie woll' ihr nicht weichen im Ruhme der Webkunst."[40]

Hier beginnt nun eine der großartigen Geschichten der abendländischen Literatur über das Künstlertum: die Herausforderung einer Göttin durch eine sterbliche Kunsthandwerkerin. Arachne ist eine junge, unverheiratete Frau aus der Unterschicht. Ihr Vater ist Wollfärber, ihre Mutter lebt nicht mehr. In eine plebejische Familie geboren, ist sie eine Bürgerin ohne politische Rechte, eine Römerin, die nicht wählen und kein Amt bekleiden konnte. Durch den Anachronismus nimmt

Ovid sie aus dem Mythos heraus und stellt sie andeutungsweise in seine eigene Zeit. So ist „Arachne“ nicht nur eine spannende und belehrende Geschichte über den Respekt vor den Göttern,[41] es geht auch darum, nach welchen Kriterien Kunst bewertet wird und wie ein begabter junger Mensch aus der Provinz – wie Ovid selber – seine niedrige Herkunft durch künstlerische Meisterschaft wettmacht. Auch Arachne lebt für die Kunst und hat den Ehrgeiz, sich als Weberin einen Namen zu machen. Tatsächlich ist sie dabei so geschickt, dass sogar die Nymphen – die Halbgöttinnen – von den Feldern und vom Fluss kommen, um ihr zuzusehen:

„Ihre bewundernswerten Gewirke zu schauen, verließen
Oft das Rebengeländ ihres Tmolus die Nymphen, verließen
Oft ihre wogende Flut die Nymphen des Flusses Pactolus.
Nicht nur die fertigen Stoffe, nein, auch sie werden zu sehen,
War ein Vergnügen, mit solcher Gefälligkeit übt' sie ihr Können.
Mochte die rohe Wolle zunächst zu Knäulen sie ballen
Oder sie schlichten darauf mit den Fingern, entfilzen mit langen,
Oft wiederholten Zügen die wolkengleichenden Flocken,
Mochte mit leichtem Daumen die glatte Spindel sie drehen,
Mochte sie wirken in Bunt. – Sie mußte von Pallas belehrt sein.“[42]

Pallas hat erfahren, dass Arachne trotzig darauf besteht, sie verdanke ihre Fertigkeiten niemandem, auch nicht der Göttin; vielmehr prahle sie damit, sie nähme gerne einen Wettstreit mit Pallas auf, wenn diese sich darauf einließe. Also beschließt Pallas, Arachne zu prüfen. Sie tritt ihr als schwaches altes Weib verkleidet entgegen und hält ihr vor, sie ehre das Alter nicht und lasse es an Respekt gegenüber der Göttin fehlen. Die Vorwürfe treffen Arachne an ihren verletzlichen Stellen: als junge Frau, die keine Mutter hat; als Unverheiratete in einer Welt, in der die Aufzucht von Kindern als wichtigste Aufgabe der Frau gilt; und als Künstlerin in einer kleinen Provinzstadt. Aber sie lächelt der Alten nur höhnisch ins Gesicht: Erzähl das deiner Schwiegertochter oder deiner Tochter, wenn du eine hast.

Zum Wettstreit werden zwei identische Webstühle aufgestellt und mit einem zarten Material von gleicher Farbe bespannt. Als es losgeht, erweisen sich die Gegnerinnen bald als ebenbürtige Meisterinnen, unterscheiden sich aber in ihren formalen Mitteln.

Pallas Athene webt auf ihrem Wandteppich die Geschichte, wie sie in Gegenwart aller olympischen Götter einen Wettstreit mit Neptun gewann und Schutzgöttin von Athen wurde. Sie ist eine Formalistin und hält sich getreu an die Machthierarchie der Götter. Im Hintergrund sieht man Jupiter groß in der Mitte, die anderen Olympier rechts und links von ihm, im Vordergrund entsprechend die Protagonisten Neptun und Pallas. Mit seiner Harpune spaltet Neptun einen Felsen, und Meerwasser spritzt empor; Pallas schlägt mit ihrem Speer auf den Boden, und genau in der Mitte des Bilds sprießt ein Olivenbaum: das Zeichen ihres Sieges, der sich auch im erstaunten Gesichtsausdruck der Götter spiegelt. In den vier Ecken des Bildes sind Sterbliche abgebildet, die wegen Vergehens gegen die Götter sühnen müssen; das Ganze ist mit Olivenzweigen umrahmt.

Arachne hat ihren Wandteppich ganz anders konzipiert. Klar konturierte Bildelemente drehen sich in- und umeinander, und es gibt ein deutliches Hauptthema: die sexuellen Übergriffe der Götter gegen die Sterblichen und untereinander.

„Lydiens Tochter wirkt dagegen die von des Stieres
Trugbild getäuschte Europa: Du glaubtest wirklich den Stier und

Wirklich das Meer. Man sah sie selbst zum verlassenen Ufer
Blicken, den Freundinnen rufen, des gegen sie springenden kühlen
Wassers Berührung scheun und ängstlich die Sohlen zurückziehn.
Auch Asterien ließ sie vom ringenden Adler gefaßt sein,
Dann auch unter den Schwingen des Schwanes Leda sich lagern;
Juppitern fügte sie bei, wie mit zwiefacher Frucht er des Nycteus
Herrliche Tochter erfüllt, in Gestalt eines Satyrn sich hehlend
[...]
Und ihr eigen Gesicht gab jeder Gestalt sie und jedem
Orte.“[43]

Jupiter, Neptun, Apollon, Bacchus und Saturn werden alle als betrügerische Verführer von Göttinnen und sterblichen Frauen dargestellt. Das ist als Anprangerung gemeint, doch der ganze Teppich ist mit einer Girlande von Blumen und Efeu eingefasst: Die so bewegende Szene ist eben doch nur Kunst.

Pallas sieht das prächtige Werk von Arachne und bricht in Wut aus. Erst zerstört sie es, dann beginnt sie, die Künstlerin mit ihrem Weberschiffchen zu schlagen. Arachne – „Und die Unselge ertrug's nicht“[44] – versucht sich umzubringen, doch Pallas hindert sie daran und lässt sie zu einer Spinne zusammenschrumpfen, einer instinktgesteuerten geistlosen Kreatur, von der sich die Sterblichen angeekelt abwenden.

Somit hat die Göttin bewiesen, dass sie mehr Macht hat als Arachne. Doch den Wettstreit hat sie nicht gewonnen: „Dieses Werk – es konnt' es nicht Pallas, es konnt' es der Neid nicht / tadeln.“[45] Unschwer erkennt man, dass es um die Verteidigung einer sterblichen Künstlerin geht; Ovid meint also auch sich selber. Interessanterweise zeigt Arachnes Wandteppich Episoden, die der Erzähler vorher dargeboten hat, aber im Unterschied zu seiner Version bringen sie bei Arachne einen ausgesprochen weiblichen Zorn zum Ausdruck. Pallas verhält sich unfair, gegen die Regeln eines Wettstreits, und bricht in maßlose Wut gegen Arachne aus. Dabei verliert sie vollkommen ihre Würde. Warum? Etwa weil sie selber eine Frau ist und erkennt, dass Arachnes Zorn auf die Götter berechtigt ist, unter denen sie selber ja eine zwiespältige Stellung einnimmt? Oder weil sie als Mutterlose gehofft hat, sie könne die ebenfalls mutterlose Arachne dazu bringen, die Rolle ihrer Tochter zu übernehmen?

Doch auch Arachne ist im Unrecht. Sie behauptet, man habe sie nichts gelehrt; dabei ist sie im Haus aufgewachsen, in dem ihr Vater seine Färberei betrieb, ein hochspezialisiertes Handwerk, bei dem man aus Schnecken die violette Farbe gewann, die auf den römischen Gewändern den sozialen Stand markierte. Dass sie in dieser Umgebung nicht weben lernte, ist wenig wahrscheinlich. Und selbst wenn Arachnes Mutter nicht mehr lebt, hätte eine andere weibliche Person sie damit vertraut gemacht.

Wie aber kann diese Geschichte in Ovids Werk eine Spur – höchst wahrscheinlich eine unbewusste – seiner Mutterbeziehung hinterlassen? Genaues kann man über die Beziehung nicht wissen. Aber es gibt im Werk einen ganzen Komplex von Repräsentationen, die es zu untersuchen lohnt. Außer in Geschichten mit Hauptfiguren ohne Mutter finden sie sich vor allem in solchen mit Künstlerinnen, die in den *Metamorphosen* fast ausnahmslos Weberinnen und begnadete und ambitionierte Erzählerinnen sind.

Die brutalste dieser Erzählungen ist die von Tereus, Procne und Philomela. König Tereus von Thrakien ist mit Procne verheiratet, Tochter von Pandion, König von Athen; sie hat Tereus einen Sohn geboren, Itys. Bei einem Besuch am Hof von Pandion, fünf Jahre nach seiner Eheschließung, begehrt

Tereus Pandions jüngere Tochter Philomela. Er nimmt sie nach Thrakien mit, und bei gegebener Gelegenheit macht er sich über sie her. Sie wehrt sich mit aller Kraft; um ihre Stimme zu unterdrücken, schneidet er ihr die Zunge ab und vergewaltigt sie dann wieder und wieder. Sicher bewacht lässt er sie in einer kleinen Hütte zurück, kehrt heim und tischt Procne die traurige Geschichte auf, Philomela sei auf der Reise nach Thrakien verstorben.
In der Zwischenzeit findet die Geschändete in dem Haus, in dem man sie gefangenhält, einen Webrahmen, und mit violetten Fäden webt sie die Szene von Tereus' Verbrechen auf die weiße Webkette. Den Teppich rollt sie ein, bindet ihn zusammen und gibt ihn einer Dienerin, einer alten Frau, die ihn Königin Procne überreichen soll. Die Alte erregt keinen Verdacht, weder als sie den Teppich an Philomelas Wärtern vorbeiträgt, noch als sie ihn Procne direkt in die Hände legt. Die versteht die Darstellung sofort. Voller Zorn und entschlossen, Tereus zu bestrafen, nützt sie ein bacchantisches Ritual, um Philomela unbemerkt zu befreien. Sie bringt sie zurück in den Palast und sinnt nach einer grausamen Form der Rache. Als der kleine Itys ihr Zimmer betritt und sie umarmen will, fällt sie die Entscheidung. Mit Philomelas Hilfe ermordet sie ihren Sohn, schneidet ihn in Stücke, kocht ihn und tischt ihn Tereus auf. Als er das grausige Gericht verspeist hat, konfrontieren ihn die Schwestern mit seinem Verbrechen.
Jetzt könnte sich ein weiterer Kreis von Rache und Gewalt schließen: Tereus ist außer sich und setzt seinerseits zur Vergeltung an. Doch das gestattet Ovids Erzähler nicht. In aller Ruhe unterbricht er die Handlung mit drei Metamorphosen: Er verwandelt alle drei in Vögel. Der Angreifer Tereus wird zum Wiedehopf, die fliehende Procne zur Schwalbe, die unter den Dachfirsten nistet, und Philomela zur Nach-

tigall, die sich im Dunkel der Wälder versteckt und nur nachts singt.[46]

In den *Metamorphosen* ist Weben auch eine Metapher für Dichten und Geschichtenerzählen; webend konstituieren die weiblichen Figuren eine Identität als Künstlerinnen. Als Künstlerin, durch die Darstellung seines Verbrechens, hat Philomela ihren Schänder zur Strecke gebracht und sich so gleichsam unter den Schutz von Pallas Athene begeben, der Patronin der Künstler.

In dieser Geschichte tritt die Göttin zwar nicht auf, doch in den ganzen *Metamorphosen* oft genug. Für die damaligen Leser ist sie ständig präsent. Zu Pallas pflegt der Erzähler offenkundig eine ganz ungewöhnliche Beziehung. Wann immer sie erscheint, wirkt sie viel interessanter, als es ihrer Rolle in der Erzählung entspricht. Sie ist großgewachsen, majestätisch, schön, willensstark, und sie neigt dazu, ungerechte Strafen auszuteilen – wie alle Götter. Von den anderen unterscheidet sie sich aber durch ihr rätselhaftes Verhalten.

Warum sieht sie bei einer Hochzeit still und teilnahmslos zu, während ihr Bruder ein grausames Gemetzel anrichtet? Warum flüchtet sie so wohlüberlegt von dem Ort, um die Quelle am Helikon zu erkunden? Welche Gefühle bringen sie dazu, sich unter einen Baum zu setzen und den Musen zu lauschen, wie sie von Mutterliebe und schwesterlichem Zusammenhalt gegen intrigierende Männer erzählen? Warum provoziert sie später den Streit mit Arachne, der gegenüber sie im Vorteil ist, und warum verliert sie die Kontrolle, als sie den Wettstreit nicht gewinnt? Keine dieser Fragen beantwortet die Dichtung.

Es bleibt der Eindruck einer rätselhaften Frau, ähnlich rätselhaft, wie es für den Erzähler als Kind wohl die Mutter war: bewundert und gefürchtet. In Pallas, diese Vermutung sei gewagt, verkörpert Ovid die Beziehung zu seiner ersten Lehrerin, die ihn webend und erzählend zu seiner Kunst inspirierte.

Kapitel II
OVID WIRD RÖMER

Im Gebirge lag noch Schnee, als die kleine Gruppe den Pass überquerte. Der Vater, die beiden Knaben und ihr Privatlehrer waren zu Pferd. Vorneweg hielt ein Führer Ausschau nach Banditen und nach wilden Tieren, die Appetit auf Menschenfleisch haben könnten, seit hier oben einst blutige Kämpfe stattgefunden hatten. Hinter ihnen rumpelte ein Gepäckwagen, von einem Pferd gezogen und zu Fuß von vier Sklaven begleitet. Die Reiter hielten sich auf der sandigen Spur am Straßenrand, um die Hufe der Pferde vor dem spitzen, harten Schotter zu schützen. Unter allen Umständen wollte der Vater mit den Knaben am 17. März in Rom sein, zum Fest der Liberalia, bei dem der Neffe ihres großen Freundes und Mäzens Marcus Valerius Messalla Corvinus seine „toga virilis" erhalten würde.

Die Valerii gehörten zu den ältesten Aristokraten der römischen Gesellschaft, und in diesem Jahr hatte Messalla das Amt des Konsuls inne. In Anerkennung ihrer langjährigen Verbindung hatte er alle drei männlichen Ovids eingeladen, gemeinsam mit der Familie Messalla der offiziellen Zeremonie beizuwohnen und auch beim anschließenden großen Fest dabei zu sein; viele hundert Menschen würden sich versammeln, um den neuen Bürger zu ehren, einen Knaben, der kaum älter war als Publius. Nach der Zeremonie am Familienschrein im Haus auf dem Palatin kam die öffentliche Prozession zum Forum; dann stieg man aufs Kapitol, wo am Tempel des Jupiter ein Opfer dargebracht wurde und der Augur seines Amtes waltete. Über diese Orte und Rituale hatten die Knaben im Geschichtsunterricht gelesen.

Publius und sein Bruder sollten noch länger in Rom bleiben, an einer Schule, die Messalla für sie ausgesucht hatte. Allerdings war der Vater von dieser Entscheidung noch nicht ganz überzeugt. Mit zwölf und dreizehn waren die Knaben noch so jung und unerwachsen, dass man sich um sie kümmern musste. War es für eine Rhetorenschule nicht zu früh? Warum konnten sie nicht noch für ein paar Jahre in Sulmo bleiben und zu Hause lernen, bis sie soweit waren? Sie erhielten ausgezeichneten Unterricht von dem „grammaticus", der als ihr Privatlehrer im Haus der Familie wohnte, ein selbstbewusster Grieche, in Athen ausgebildet, das Beste, was man für Geld haben konnte. Andererseits, wenn die Knaben jetzt nach Rom gingen, würden sie vom Rang als Ritter profitieren, den die Familie seit etwa zwei Generationen besaß. Sie wären mit Knaben aus aristokratischen Familien zusammen und könnten wichtige Freundschaften schließen. So hatte der Vater hin- und herüberlegt.

Messalla entschied die Frage, indem er die Zulassung zu der Schule erwirkte, die sein eigener Neffe besucht hatte. Er war zu höflich, die lateinische Aussprache der Ovids zu kritisieren, die sich für seine Ohren wie Leute vom Land anhörten; die Paeligner hatten das Lateinische nur langsam, als Geschäftssprache, angenommen. Es war höchste Zeit, dass die Knaben lernten, wie richtige Römer zu sprechen. Erst einmal müssten sie den Spott Gleichaltriger ertragen, aber dann würden sie es können.

Nur zögerlich hatte sich ihr Vater in Messallas Rat geschickt und die erste Reise der Knaben nach Rom organisiert: mehr als 150 Kilometer, im März eine beschwerliche Reise von mindestens einer Woche. Sie waren zuerst das Tal von Corfinium hinaufgeritten, wo sie die erste Nacht bei Verwandten mütterlicherseits verbrachten. Die Knaben waren schon oft bei der Familie zu Besuch gewesen, denn ihr Vater hatte dort regelmäßig geschäftlich zu tun; Corfinium war der Verwaltungssitz der Region. Dort gab es Einrichtungen, die man in Sulmo nicht kannte, so auch ein richtiges Theater, das Publius liebte. Zudem lag die Stadt auf der Route zur Via Valeria, die westlich über den Apennin führte. Sie war nach einem Vorfahren von Messalla benannt und seit Jahrhunderten eine wichtige Verbindung zwischen Rom und der Adria.

Der Privatlehrer, der die Knaben begleitete, war guter Dinge. Er reiste mit ihnen bis Rom und hatte dort beste Aussichten, eine neue Anstellung bei einer Patrizierfamilie zu bekommen. So könnte er der Provinz endgültig den Rücken kehren. Für die Knaben war er ein guter Lehrer gewesen; sein größter Beitrag zu ihrer Bildung war die Bibliothek, auf der er gleich zu Beginn seiner Tätigkeit bestanden hatte. Neben den großen Griechen, die zum Curriculum eines Hauslehrers gehörten, hatte er Werke zeitgenössischer Dichter angeschafft, die Lateinisch schrieben. Darin drückte sich sein jugendlicher Optimismus aus, dass Rom eines Tages mit den Griechen literarisch konkurrieren könnte. Der Vater der Knaben, der sonst sparsam war, hatte die kostspielige Anschaffung nicht in Frage gestellt und die Auswahl der Texte dem Lehrer überlassen.

Allerdings konnte er nicht ahnen, welche Rolle diese Bibliothek für die Entwicklung des jüngeren Sohnes spielen sollte. Dessen dichterisches Talent war dem Lehrer beim Gedichteschreiben, das er für eine ideale Art hielt, die Feinheiten der Schriftsprache zu erlernen, gleich aufgefallen. Publius zeigte eine erstaunliche Fähigkeit, im Metrum anderer Dichter zu schreiben, wie dem von Catull, Horaz oder Vergil.

Während die Pferde Meile um Meile hinter sich ließen, klang ihr Hufschlag wie ein regelmäßiges Metrum, die einzige Ablenkung auf der steilen Bergstraße, die die Reisenden durch dünn besiedeltes Land führte. Nur Wachlager, die im Abstand von jeweils 30 Kilometern die Via Valeria säumten, boten Orientierung. In Carsioli wohnte die Familie wiede-

rum bei Bekannten, woran sich Ovid Jahre später in den „Fasti“ dankbar erinnert. Erst nach drei Reisetagen erreichten sie eine richtige Siedlung, die alte, nach römischem Plan errichtete Stadt Alba Fucens, mit gitterförmig sich kreuzenden Straßen, mit Tempeln, Foren, Herrenhäusern, einem Amphitheater und einem öffentlichen Bad, das sich besonderer Beliebtheit erfreute. Direkt außerhalb der Stadt änderte sich das Szenario. Wilde Landstriche waren in Parzellen aufgeteilt worden; dort hatten sich Städter angesiedelt, weil es innerhalb der Stadtmauern zu eng geworden war. Alba, erfuhren die Reisenden, war in dieser Hinsicht modellhaft.

Die Spuren römischer Kolonisierung wurden mit jedem Kilometer, den sie zurücklegten, sichtbarer: Nahe der Stadt Arsoli trafen sie auf die Aqua Marcia mit ihren hohen Bögen, das erste Aquädukt, das die Knaben zu Gesicht bekamen. Auf einem Meilenstein sahen sie, dass sie jetzt nur noch fünfzig Kilometer von Rom entfernt waren. Doch erst am siebten Tag ihrer Reise hatten sie den Abstieg aus den gefährlichen Bergen geschafft. Mit ihnen bahnte sich der Fluss Anio seinen Weg ins Tal. Zur Zeit der Schneeschmelze polterte er mit ohrenbetäubendem Tosen kilometerlang durch seine tiefe Schlucht und schleuderte die Gischt baumhoch, ehe er als Wasserfall über Felsklippen stürzte und dann gemächlicher in Richtung der Stadt Tibur floss, dem heutigen Tivoli in Latium.

Schon von Weitem erblickte man große Villen mit terrassierten Obstgärten, und imposant erhoben sich die Bögen der alten Wasserleitung Aqua Anio Vetus nach Rom. Tibur war bei den reichen Römern als Urlaubsort beliebt, und der Vater und die Söhne übernachteten luxuriös. Hier wurde die Via Valeria zur Via Tiburtina, die durch die Porta Esquilina in die Stadt führte. Wenn sie sich am nächsten Tag etwas beeilten, waren sie rechtzeitig bei der Toga-Zeremonie in Messallas Haus.

Auf seinem Pferd dahintrottend, mit der Welt seiner Kindheit im Rücken, hatte Publius reichlich Zeit, vor sich hin zu träumen. Ohne dass sein Vater oder sein Bruder es ahnten, hatte er in seinem Gepäck eine Rolle mit eigenen Werken versteckt; die Texte hatte er gemeinsam mit seinem Lehrer ausgewählt, um sie – vielleicht! – dem sagenhaften Messalla zu zeigen. Zu dessen zahlreichen Qualitäten gehörten fundierte Kenntnisse der Literatur, und er stand im Ruf, sich gern als Mäzen vielversprechender Dichter zu betätigen. Dieser prominenten Persönlichkeit seine Werke zu präsentieren, war kühn und konnte auch als unverschämte Anmaßung wirken.

Publius würde sehen und abwarten – bis sein Moment kam.

Der Mäzen der Familie Ovid

Der Konsul Messalla gehörte zur obersten Gesellschaftsschicht Roms, den *gentes maiores*. Seine Familie konnte ihre Abstammung weit in die römische Geschichte zurückverfolgen, bis in die Zeit der Könige. In Messallas Namen, Marcus Valerius Messalla Corvinus, bezeichnete der Namentsteil Valerius seine Zugehörigkeit zum Haus der Valerii. Insgesamt waren die *gentes maiores* erstaunlich wenige Familien – die Valerii, die Aemilii, die Claudii, die Cornelli, die Fabii und die Manlii – und bildeten unter den Patriziern eine eigene Aristokratie. Fixiert auf Genealogie, beriefen sich einige von ihnen, besonders solche, die aus der Provinz stammten, auf ihre Abstammung von Göttern; die Valerii beschieden sich mit dem legendären Sabiner-König Titus Tatius, der mit Romulus Rom regierte.[1]

Neben den Geburtsadel, die patrizischen *gentes*, traten die *homines nobiles*, Männer aus Familien, die zumindest einen

Konsul gestellt hatten und die man dem sogenannten Amtsadel zurechnete. Konsul zu werden war eine enorm teure und politisch komplizierte Angelegenheit für jeden, der nicht adelig geboren war, aber auf Dauer zahlte es sich aus:[2] Der Adel vererbte sich. Zusammen bildeten die *gentes maiores* und die *homines nobiles* die Führungsschicht in Rom. Den obersten Stand nannte man *ordo senatorius*, den Senatorenstand. Danach kam der Ritterstand, die *equites*, die wohlhabend genug waren für hohe politische Ämter. Das traf auch auf die Familie Ovid zu, die Grundbesitzer aus der italischen Provinz, die nach dem italischen Krieg in diesen Stand erhoben worden waren. Die beiden Söhne Ovid kamen als künftige Amtsträger also durchaus in Frage.

Aus diesem Grund brachte sie ihr Vater ja auch in diesem jungen Alter nach Rom: Sie sollten ihre Ausbildung vervollständigen, so dass sie für eine politische Laufbahn vorbereitet waren. Wie kam der Kontakt zur Familie des Konsuls Messalla zustande? Genau weiß man es nicht, doch eine erste Verbindung zwischen den Valerii und den Ovids könnte aus der Epoche der Eroberungsfeldzüge datieren, die Rom in kurzer Zeit zum Imperium machten. Römische Patrizier wie die Valerii mussten, wenn sie ein öffentliches Amt anstrebten, dafür Truppen aufstellen. Die Paeligner hatten seit alters her eine hervorragende Kavallerie, und so lag es nahe, dort Allianzen mit einflussreichen Landbesitzern einzugehen: eine Art Patronanz und Klientelwesen. Dafür waren die Ovids ein gutes Beispiel: Die prominente Familie konnte gegebenenfalls Wahlstimmen und Rekruten aufbieten, Steuern einheben oder vor Ort Unterstützung für eine Gesetzesinitiative in Rom erwirken.[3]

Eine solche Verbindung war vererbbar. Vielleicht hatte Messalla Verpflichtungen gegenüber den Paelignern, oder Ovids Vater schuldete den Valerii etwas dafür, dass er von den Konfiszierungen italischen Landes nach dem italischen Krieg verschont geblieben war. Jedenfalls meinte er, Messallas Rat einholen zu müssen, wenn es um eine so wichtige Angelegenheit wie die Erziehung seiner Söhne ging, und er stieß auf ein offenes Ohr.

Die römische Bildung

In Rom bekamen die Brüder erst einmal einen Privatlehrer, der sie in griechischer und lateinischer Dichtung unterrichtete. Das Bildungsmodell war griechischer Herkunft – man hatte es im 2. Jahrhundert v. Chr. importiert –, und griechische Literatur, vor allem Homer und Menander, wurde gern herangezogen.[4] Im Lateinunterricht standen besonders Nachdichtungen griechischer Originale auf dem Plan, etwa die *Odusia* von Andronicus, aber auch die *Annales*, das Epos von Ennius über römische Geschichte; Werke von Komödiendichtern wie Plautus und Terenz; außerdem zeitgenössische lateinische Texte: Liebesgedichte von Catull, Monographien von Sallust, das philosophische Lehrgedicht *De rerum natura* von Lukrez, einige Schriften von Cicero, Vergils *Georgica* und einige frühe Oden von Horaz.[5]

Zum Unterricht gehörte sehr wesentlich das Rezitieren, und die Lernmethode war langweilig und kompliziert. Erst las der Lehrer einen Absatz laut vor und gab Erläuterungen. Dann folgte ein Schüler mit demselben Absatz, wobei die Schwierigkeit darin bestand, dass auf der Schriftrolle, von der er ablas, zwischen den Worten oft keine Abstände waren. Danach begann die genaue wörtliche Übersetzung. Jedes Wort war nach seiner grammatikalischen Funktion zu untersuchen, mit welchem anderen es zusammenhing, und auch das Metrum war genau zu bestimmen. Wer einen Fehler machte, musste mit Schlägen oder Stockhieben rechnen.

Selbst für Römer war die lateinische Grammatik teuflisch, weil es von jeder Regel so viele Ausnahmen gab und sich besonders die Dichter vieles erlaubten. Neben der Fähigkeit, analytisch zu denken, erwarben die jungen Leute durch die Lektüre fundierte Kenntnisse der griechischen und römischen Mythologie, aber auch geographisches, historisches und kosmologisches Wissen. In manchen Schulen gab es spezielle Kurse für Astronomie, Geometrie, Musik und sogar Philosophie, wenngleich die Römer der Philosophie gegenüber eher skeptisch eingestellt waren.
Zweifellos langweilte sich Ovid wie jeder andere Schüler beim grammatikalischen Zergliedern griechischer und lateinischer Sätze. Aber er spürte auch, dass es keine bessere Methode gab, die Möglichkeiten dichterischer Sprache kennenzulernen, als das Puzzle seiner beiden so vertrackt genauen Muttersprachen zu lösen, das ihm jeden Tag vorgelegt wurde. Auch im Studium des Metrums kam er voran, das für ihn ja nicht neu war. Wie er es in den *Tristia* audrückt: „Ich aber fand schon als Knabe an göttlichen Dingen Gefallen: In ihren Dienst hat mich heimlich die Muse gelockt."[6]

Die Schulen hatten ihre Räumlichkeiten gewöhnlich in der Nähe eines Forums, und die Klassen waren nur durch einen Vorhang von der geschäftigen Welt draußen getrennt. So bekamen die Knaben auch eine Einführung ins Leben der Metropole in seiner ganzen chaotischen Vielseitigkeit. Damals präsentierte sich Rom als ein vollgestopftes Labyrinth enger, unebener Gassen, die Gebäude dicht aneinandergedrängt. Im Erdgeschoss befanden sich Läden, Bars und Speisehäuser, und die oberen Etagen waren so weit vorgebaut, dass sich die gegenüberstehenden Häuser beinahe berührten. Für Passanten war es alles andere als ein Vergnügen: Aus den

Schlafzimmern wurden von oben ungehemmt Nachttöpfe ausgeleert, Abfall verstellte die Durchgänge. Doch trotz Gestank und Schmutz gingen Barbiere, Prostituierte, Geldverleiher, Essensverkäufer und Diebe hier im Freien ihren Geschäften nach. Polizei gab es keine. Kaum ein Bürger wagte sich in der Dunkelheit, wenn Kriminelle die Straße kontrollierten, hinaus. Nicht überall gab es eine Feuerwehr, obgleich Brände häufig waren und sich nur mühsam löschen ließen. Die Armen wohnten in wackligen mehrstöckigen Mietshäusern, wenn sie überhaupt ein Zuhause besaßen, während die Häuser der Reichen dicke Wände hatten, und ihre Fensteröffnungen gingen auf die ruhigen, lichten Innenhöfe. Auch nachts kehrte keine Ruhe ein, denn der Geschäftsverkehr war erst nach Einbruch der Dunkelheit gestattet, nach einem Gesetz, das Julius Caesar während seiner Diktatur erlassen hatte, um die verstopften Straßen zu entlasten. Die ganze Nacht kämpften Gefährte auf Rädern, die Waren jeder Art transportierten, um den engen Raum, und ständig kam es zu gewalttätigen Auseinandersetzungen zwischen den Fahrern.

Die einzige Annehmlichkeit, die Rom im Überfluss zu bieten hatte, war Wasser. Wie heute noch öffneten sich die Straßen immer wieder zu kleinen Plätzen mit einem Brunnen, wo sich Bürger, die zu Hause kein Wasser hatten, bedienen konnten, oder sie bestellten bei den Wasserverkäufern. Die öffentlichen Bäder standen auch den Armen für wenig Geld offen. Für die Reichen gab es wunderschön hergerichtete Gebäude, die als gesellige Clubs und Gesundheitszentren für beide Geschlechter dienten.[7]

Nach einem Jahr endete der Privatunterricht der Knaben, wie aus den *Tristia* hervorgeht, und es begann eine Ausbildung an einer Rhetorenschule. Rhetoren hatten einen wesentlich höheren sozialen Rang als der *grammaticus*, und der Unterrichtsort, ein richtiges Klassenzimmer, drückte das auch aus. Einige von ihnen waren so berühmt, dass ihre Namen überliefert sind.

Schüler eines Rhetors verbrachten viel Zeit mit strengen Übungen, die sie auf öffentliche Reden vorbereiteten – auf die *Performance,* würde man heute sagen. Die Rhetoren hielten auch selbst Reden und hatten ihre Fangemeinde. In Rom galten Rezitationen als beliebte Form der Unterhaltung, und da alle gebildeten Römer rhetorisch geschult waren, wussten sie diese Kunst fachmännisch zu genießen; auch Kaiser Augustus erfreute sich bekanntlich an ihr.

Den Schüler eines Rhetors nannte man *auditor*: Er lernte durch Zuhören. Ovid hatte zwei Lieblingslehrer. Zuerst hatte er Unterricht bei Arellius Fuscus, der sein größtes Vergnügen an extravaganten rhetorischen Effekten fand und von Seneca gerühmt wird. Seneca war es auch, der bemerkte, dass Ovid am Ende seinen eigenen Meister übertraf, indem er seine Erfindungsgabe gekonnt einsetzte.[8] Danach war er Schüler von Porcius Latro, für den Selbstbeschränkung und markige Sentenzen, *sententiae,* als wesentlich galten. Ovid führt diesen Stil in einem Gedicht seines Debütbandes, der *Amores,* vor, wo der Liebhaber zu Amor spricht:

„Weich' ich oder entflamm' ich das plötzliche Feuer durch Kämpfen?
Weich' ich denn: Leicht wird die Last, welche man gutwillig trägt.
Sah ich das Feuer doch, wenn die Fackel bewegt wurde, wachsen,
Sah doch auch, wie es, wenn niemand sie schüttelte, starb.
Öfter als Ochsen, die gerne den Pflug ziehn, schlägt man die grade
Eingefangenen, die anfangs das Joch noch verschmähn.
Sträubt sich's, verletzt sich das Pferd an der harten Trense; die Zügel

Spürt es weniger dann, wenn es dem Zaumzeug sich fügt.
Den, der nicht will, bedrängt viel wilder und heftiger Amor."[9]

Sententiae waren vielbewunderte Verzierungen im Vortrag; aber auch die *paraphrasis* war beliebt, bei der der Rhetor sich in immer neuen Variationen eines Themas selbst übertraf. Die Raffinesse, mit der er das gesprochene Wort zerlegte, kannte keine Grenzen. Die Rhetoren klassifizierten jedes Thema und seine Entwicklung, jede Gedankenwendung und jede menschenmögliche Ausdrucksform.[10]

Beim Rhetor lernten die Schüler zwei Arten der Redekunst: Die *suasoria*, die Staatsrede oder auch Gelegenheitsrede, und die *controversia*, die Gerichtsrede. Ovids Bruder lag das Debattieren, das aggressive juristische Argumentieren: „Forum und Kampf mit dem Wort / waren nach seiner Natur", heißt es in den *Tristia*.[11] Dafür brauchte es die sorgfältige Recherche des jeweiligen Falls, dann wurde eine logische Argumentation aufgebaut und mit leidenschaftlicher Überzeugung vorgetragen. Publius war die *suasoria* lieber,[12] bei der, oftmals als Rollenspiel, das Für und Wider einer Handlungsweise abgewogen wurde. *Suasoriae* erforderten ebenfalls Recherchen, aber hier ging es um Literatur, und ihre überzeugende Wirkung empfingen sie durch Erfindungsreichtum, weniger durch stringente Logik.

Einem berühmten Augenzeugen zufolge war Ovid ein hervorragender Vertreter dieser Form: Seneca verlieh ihm das Prädikat *bonus declamator*. Doch Ovids Absicht, Dichter zu werden, geriet dadurch nicht ins Wanken. Offensichtlich nutzte er die Rhetorikausbildung, um am bewussten sprachlichen Ausdruck zu arbeiten. Die formale Ausbildung schadete seinem künstlerischen Talent nicht etwa, sondern förderte es. Seine Karriere hätte er wohl nicht gemacht, wäre die Kunst der wirkungsvollen Rede damals nicht so kultiviert worden. Umgekehrt gab er der Rhetorik viel zurück, vielleicht sogar mehr, als er von ihr bekam. Innerhalb weniger Jahre schuf er einen Schatz an erotischen Sentenzen, aus dem sich künftige Redner gern bedienten.“[13]

Die römische Republik wird zum römischen Reich

Die vier Jahre von 31 bis 27 v. Chr., die Ovid in Rom zur Schule ging, waren besonders turbulente und historisch bedeutsame Zeiten: Die römische Republik ging zu Ende, und das augusteische Kaiserreich etablierte sich. An der Laufbahn von Messalla lässt sich der Umschwung gut ablesen: Er bewerkstelligte geschickt den Loyalitätswechsel von Mark Anton zu Octavian, dem künftigen Kaiser, und machte eine glänzende Karriere.

Nachdem eine konspirative Gruppe von *nobiles* 44 v. Chr. – da war Messalla zwanzig und studierte in Athen Philosophie – den selbsternannten Diktator Caesar umgebracht hatte, lebte der Bürgerkrieg wieder auf: auf der einen Seite die caesarianische Partei mit Octavian und Antonius, auf der anderen die republikanische Fraktion unter Caesars Mördern Cassius und Brutus in der Opposition. 43 v. Chr. beschlossen die Triumvirn, Geld für die Truppen der caesarianischen Seite aufzutreiben, indem sie das Eigentum von wohlhabenden republikanischen Fraktionsmitgliedern konfiszierten – es drohten der Verlust des Bürgerrechts, die Beschlagnahmung des Eigentums oder sogar der Tod. Zweitausend Ritter und dreihundert Senatoren standen auf dieser Liste, darunter die Familie Messallas, aber auch Dichter wie Vergil und Horaz waren von Ächtung und Enteignung bedroht.

Messalla genoss offenbar Schutz vor den schlimmsten Folgen der Proskription, aber er gehörte nicht zur caesarianischen

Fraktion. Als Aristokrat wurde er – in Abwesenheit – mit den Republikanern identifiziert. 42 v. Chr., im Alter von 22, absolvierte er die militärische Ausbildung, die Römer der Oberschicht mit etwa 17 Jahren begannen. Da er keine Erfahrungen im Feld hatte, war es höchste Zeit, dass er sich soldatische Meriten erwarb. Als Träger eines der ältesten Patriziernamen Roms bereits Liebling der Republikaner, tat er sich auf Gedeih und Verderb mit Brutus und Cassius zusammen und ging nach Mazedonien, wie zuvor schon Horaz, der unter Brutus Militärtribun wurde.

Die Republikaner wie die caesarianische Partei hatten riesige Armeen zusammengezogen. Als die republikanischen Legionen schließlich im Oktober bei Philippi die Caesarianer angriffen, kämpfte Messalla an der Seite von Cassius. Als Aristokrat erhielt er trotz fehlender militärischer Erfahrung sofort einen Rang, aber er beteiligte sich auch als Chronist am Geschehen. Seine Aufzeichnungen flossen in Plutarchs Bericht über den Bürgerkrieg ein. Unter anderem beschrieb er den Selbstmord von Cassius, der fälschlicherweise angenommen hatte, die Republikaner seien unter Brutus geschlagen worden. Tatsächlich schlugen die Truppen von Antonius die Republikaner drei Wochen später in der zweiten Schlacht bei Philippi. Brutus nahm sich gleichfalls das Leben, und die restlichen republikanischen Truppen sahen nun in Messalla ihre Leitfigur.[14] Doch Messalla lehnte diese Rolle ab, erwirkte eine allgemeine Kapitulation vor Antonius und wechselte auf die caesarianische Seite.

Messalla und Antonius gehörten, jeder auf seine Weise, der politischen Führungsschicht an, und Antonius war jetzt als Nachfolger von Julius Caesar die sicherste Wette: der erste unter Gleichen im neuen Triumvirat, das Antonius und Octavian (mit dem glanzlosen General Lepidus als schwachem Dritten) gebildet hatten, um abermals das Kriegsrecht über Rom zu verhängen. Die absolute Macht wurde innerhalb des Triumvirates paritätisch geteilt, aber Antonius kommandierte die größten Legionen, besaß die größte Anzahl von Schiffen und stand den reichsten Provinzen vor. Insbesondere machte ihn sein Sieg bei Philippi zu dem am meisten bewunderten militärischen Helden des ganzen römischen Reichs.

In den Jahren zwischen 42 und 33 v. Chr. hielt sich Messalla aus der Rivalität zwischen Antonius und Octavian heraus. Die Spannungen zwischen den beiden Kommandeuren boten ihm die Möglichkeit zu diplomatischen Diensten.[15] Offenbar pendelte er zwischen Alexandria, Antonius' Stützpunkt, und Rom, wo Octavian versuchte, sich in der Erbfolge von Julius Caesar zu etablieren. Kein wirklicher Aristokrat, hatte er inzwischen in eine noble Familie hochgeheiratet: Livia Drusilla, seine zweite Frau, stammte aus dem Hause der Claudii. Obwohl Messalla seine Loyalität zu Antonius bereits erklärt hatte, schloss er 36 v. Chr. ein eigenes Bündnis mit seinem Gegenspieler und gehörte zu den drei Patriziern, die sich an Octavians Sizilienfeldzug beteiligten.

Als das Triumvirat 33 v. Chr. per Gesetz endete, ließ Messalla Antonius ganz fallen und unterstützte Octavian bei dessen Angriffen auf Antonius; wie die meisten Römer war er empört über die Beziehung von Antonius mit Kleopatra. Aus intimer Kenntnis des einstigen Freundes schrieb er mindestens drei Pamphlete, in denen er die lästerlichen Exzesse von Antonius' Privatleben und seine Machenschaften als Kommandeur der östlichen Provinzen anprangerte.[16]

In der Seeschlacht bei Actium, in der Octavian im September 31 v. Chr. den militärischen Sieg über Antonius errang, war Messalla einer von Octavians Admiralen. Antonius zog seine Schiffe aus der Schlacht ab und kehrte nach Alexandria zurück. In der Folge entzog ihm der Senat – nicht zuletzt auf Octavians Betreiben – alle Rechte und Privilegien und teilte Messalla das Konsulat zu, das Antonius 31 v. Chr. hätte übernehmen sollen.[17]

Messalla profitierte auch künftig in jeder Weise von seinem Bündnis mit Octavian. Nach seinem Jahr als Konsul wurde er zum Kommandeur von Syrien ernannt,[18] der reichen Provinz, die schon so manchem Ex-Konsul zu persönlichem Wohlstand verholfen hatte. Danach schickte man ihn in die militärisch bedeutende Provinz Gallien, wo er einen wichtigen Sieg errang. Ende Juli 30 v. Chr. erklärte Octavian Ägypten den Krieg, lehnte Antonius' Angebot einer Mann-gegen-Mann-Schlacht ab und ließ die demoralisierten Truppen von Antonius über die Klinge springen. Antonius nahm sich das Leben, und Kleopatra folgte ihm bald, um dem fürchterlichen Schicksal zu entgehen, in Rom als Gefangene vorgeführt zu werden.[19]

Mit ihrem Tod endete die Herrschaft der Ptolemäer, und Ägypten kam ganz unter römische Kontrolle. Octavian sorgte dafür, dass es keine Auseinandersetzung über die Nachfolge gab, indem er die Ermordung von Caesarion, Kleopatras Sohn mit Julius Caesar, anordnete. Außerdem stellte er sicher, dass ihre beiden Kinder mit Antonius keine Probleme verursachten. Im Januar des Jahres 29 v. Chr. ließ er feierlich die Tore des Janus-Tempels schließen, die in Kriegszeiten traditionell offen standen: Die *Pax Romana* war symbolisch eröffnet.

Zur Erringung der Alleinherrschaft war die Unterstützung der Öffentlichkeit wichtig. Die gewann Octavian im gleichen Jahr, indem er seine Siege in Illyrien, bei Actium und in Ägypten mit einer Reihe sogenannter „Triumphe" feierte. Auch Messalla stand für den Sieg in Gallien ein „Triumph" zu, der sich allerdings mit denen Octavians[20] nicht messen konnte.

Dergleichen Prunk hatte man in Rom noch nie gesehen. Um die Bedeutung seines Sieges herauszustellen, hatte Octavian für das Forum ein Denkmal zur Erinnerung an die Schlacht von Actium in Auftrag gegeben: einen Bogen mit bronzenen Säulen, für die die Kiele von Kleopatras Schiffen verwendet wurden.

Die Botschaft war klar: Während Antonius seinen Wohlstand und seine Würde in Ägypten verschwendet hatte, widmete er, Octavian, seinen Reichtum der Verehrung der Götter, der Verschönerung Roms und dem Wohlergehen des Volkes. In manchem Erbe von Julius Caesar war er nun Alleinherrscher und ließ sich Augustus nennen. Die Patrizierklasse verlor an politischem Einfluss. Ihre ehemalige Macht ersetzte der Imperator durch zeremonielle Rollen mit aufwändiger Kleiderordnung; zur Zeit der Republik hatten freigeborene Römer noch die schlichte weiße Toga getragen.

Eine neue Weltordnung hatte begonnen.

Ovids Debüt

In dieser Zeit des großen Umbruchs trat der junge Ovid in die Welt der Literatur ein. Gegen Ende seiner Rhetorikausbildung gehörte er zum literarischen „Salon“, den Messalla führte. Damals, um 29 v. Chr., war er nicht einmal sechzehn Jahre alt – vielleicht gar erst dreizehn oder vierzehn.[21] In zwei Gedichten aus dem Exil erweckt Ovid diese Zeit noch einmal zum Leben, indem er sich an Messallas Sohn Cotta Maximus wendet:

„Seit meinen frühesten Jahren habe ich stets deinen Vater
nämlich – das wirst du wohl nicht abstreiten wollen – verehrt.
Meiner Begabung hat er – du kannst dich gewiß noch erinnern –
größere Achtung gezollt, als sie mir würdig erschien,

und in der Art, wie er manchmal sich über meine Gedichte äußerte, sprach sich ein Teil seiner Vortrefflichkeit aus."[22]

„Er, der dein Vater war, der Meister lateinischer Rede,
hierin nicht weniger groß als nach dem Rang des Geblüts,
spornte als erster mich an, Gedichte dem Urteil der Leute
anzuvertraun: mein Talent lenkte und förderte er."[23]

Messalla wurde zu seiner Zeit als herausragende Gestalt des kulturellen Lebens bewundert. Man gedachte seiner später vor allem als eines Meisters der Redekunst. Cicero, Roms vorzüglichster Redner, rühmte ihn Brutus gegenüber in höchsten Tönen.[24] Zudem war er ein brillanter Schriftsteller in diversen Gattungen, verfasste auch Abhandlungen zur Grammatik und in späten Jahren eine – nicht überlieferte – Biographie, auf die sich Plutarch bei seiner Brutus-Biographie stützte. Er liebte römische und alexandrinische Lyrik und schrieb selber Verse auf Griechisch und Lateinisch.[25] Dieses Interesse führte dazu, dass er eine ganze Reihe begabter Dichter um sich versammelte. Die Stars seines Salons waren Properz und Tibull, die wie Ovid unvergessen sind; von den vielen anderen, etwa Lygdamus, Valgius Rufus oder Aemelius Macer, weiß man kaum noch etwas. In den *Tristia* erinnert sich Ovid:

„Zeitgenössische Dichter verehrte ich damals aufs wärmste.
Traten sie auf – jedesmal glaubte ich, Götter zu sehn.
Älter als ich, las Macer mir öfter vor über Vögel,
über das Schlangengift und über heilendes Kraut.
Oft rezitierte Properz seine feurigen Liebesgedichte,
dessen Verhältnis zu mir sehr kameradschaftlich war.
Auch mit dem Epiker Ponticus und mit Bassus, bekannt durch
Jamben, habe ich oft herrliche Stunden verlebt.

Vielfach schlug auch Horaz, als er noch zur ausonischen Lyra
kunstvoll so manches Gedicht sang, meine Ohren in Bann.
Lediglich sehen konnt ich Vergil, und das bittere Schicksal,
welches Tibull erlitt, kam unsrer Freundschaft zuvor."[26]

Auch eine Frau nahm an dem „Salon" teil: Sulpicia, eine Nichte von Messalla. Einige ihrer Gedichte in elegischen Distichen sind im *Corpus Tibullianum* überliefert – ein seltenes Zeugnis weiblicher römischer Lyrik.[27] In „Eifersucht" wendet sie sich an einen Liebhaber namens Cerinthus, einmal heiter und leidenschaftlich, dann wieder bitter klagend:

„Das ist ja schön, daß du schon so viel dir erlaubst, weil du meiner
Sicher, ich könnte mich nicht plötzlich in Torheit vergehn!
Such dir statt Servius' Tochter Sulpicia immer ein Dämchen,
Auch eine Dirne vielleicht, die bei dem Spinnen sich quält!
Andere denken an mich, von schwerer Sorge bekümmert,
Daß ich den Platz wohl gar schimpflicher Liebe jetzt räum."[28]

Gedichte wie die von Tibull oder Sulpicia (die Ovid nicht erwähnt) scheinen oftmals für einen Geburtstag oder einen anderen privaten Anlass geschrieben. Sie vermitteln Vertrautheit mit der Familie Messalla und huldigen deren erhabener sozialer Stellung. Einen anderen Zweck als verfeinerte gehobene Unterhaltung verfolgen sie nicht.[29]

Während des endlosen Mahles nahm Ovid höflich von jedem Gericht, das ihm angeboten wurde, nur um jeden Bissen in die große Serviette gleiten zu lassen, die er an den Tisch mitgebracht hatte. Die Römer pflegten nach einem Mahl Speisen mit nach Hause zu nehmen, so dass die Serviette kaum auffiel. Aber Ovid hoffte, niemand würde ahnen, was ihm den

Appetit verdarb: das schreckliche Lampenfieber, das er besonders stark im Magen spürte. Wenn der letzte Gang serviert war, würde man ihn bitten, sich zu erheben und die erlauchte Gesellschaft mit einigen seiner eigenen Verse zu unterhalten. Würden ihm die Knie weich werden? Würde er bei einer Zeile patzen? Es war sein öffentliches Debüt, bisher hatte er nur vor Lehrern und Mitschülern vorgetragen. Dies hier war nun das richtige Leben: Er war zu einer Rezitation im Haus Messallas geladen, dem Freund seines Vaters, mit Messallas Dichterkreis als Publikum. Ovid hatte sich sorgfältig in seine feinsten Gewänder gekleidet, doch auch dies verursachte ihm Beklemmung. Er war fünfzehn und konnte die „toga virilis“ noch nicht tragen; die violetten Streifen auf seiner feinen Wolltoga und die goldene „bulla“, die ihm um den Hals hing, besagten unmissverständlich: Er war noch ein Knabe.

Auch wenn er an sich selbst zweifelte, stand die Anerkennung seines Gastgebers Messalla außer Frage. Mehr als ein Jahr hatte Ovid nun an dem erlesenen Dichterkreis teilnehmen dürfen, der sich gelegentlich in Messallas Herrenhaus traf, wo man einander seine Arbeiten zeigte und über sie debattierte. Immer gab es ein hervorragendes Essen und ausgezeichnete Weine; Messalla war Weinkenner. Wenn sie gespeist hatten, setzte einer der Dichter das Gespräch in Gang, indem er einen neueren Text vortrug. Die Höflichkeit gebot es den anderen Gästen, Worte des Lobes zu finden, ehe sie sich der gelehrten und pedantischen Kritik hingaben, die sie so liebten. Oftmals debattierten sie über stilistische Feinheiten bis spät in die Nacht.

Heute war es an Ovid, dieser anspruchsvollen Gesellschaft eine Arbeitsprobe vorzutragen. Lange genug gehörte er nun diesem Kreis an, um zu wissen, dass seine Jugend keine Entschuldigung für schlechte Gedichte war. Tatsächlich fielen

Ovid kunstvolle Verse schon sehr früh leicht, so leicht wie das Reiten. Nein, das Problem, das sich bei dieser ehrenvollen Einladung stellte, hatte mit dem Thema zu tun. Die anerkannten Meister in diesem Kreis, Properz und Tibull, waren bärtige junge Männer Mitte zwanzig und ganz und gar lebenserfahren. Tibull hatte zwar nicht als Soldat gekämpft, aber er war mit Messalla auf dem Schlachtfeld gewesen – Kommandeure nahmen gerne eine halboffizielle Kohorte von Freunden und Untergebenen auf ihre Feldzüge mit.

Einige von Tibulls Gedichten zollten Messallas militärischer Tüchtigkeit höflich Anerkennung, aber seine typischen Themen waren das Leben auf dem Land und die leidenschaftliche Liebe als Rückzug und Trost. Properz hingegen schrieb ungestüme, verrückte erotische Gedichte, in denen die Liebe als etwas Schreckliches erschien, als ein Anfall von Wahnsinn. In der Darstellung seiner Geliebten Cynthia lernte Ovid eine Frau kennen, wie sie ihm noch nie im Leben begegnet war: klug, gebildet, leidenschaftlich, von absoluter Schönheit, verspielt – und mit einem hochrangigen Römer liiert.

Ovid war zwar noch nie verliebt und bisher auch an keinem Gefecht beteiligt gewesen, doch die Gespräche in Messallas Kreis vermittelten ihm ohnehin, dass Dichtung aus Dichtung und nicht aus dem Leben entsteht. Die poetische Form hatte Vorrang, ihre Erfordernisse bestimmten den Inhalt. Zunächst meinte Ovid, Tibull und Properz beschrieben, was ihnen im Leben widerfahren war. Allerdings hatten die Männer, die neben ihm auf den Liegen beim gemeinsamen Mahl ausgestreckt lagen, wenig Ähnlichkeit mit ihren Abbildern im Gedicht. Die literarische Gattung gebot, dass sie in der ersten Person schrieben, und so erfand jeder ein Ich und stattete es mit den Erfahrungen aus, die am besten zur Form passten; der Rest war Fiktion.

Diese Erkenntnis fand Ovid ermutigend. An jenem Abend hatte er für alle eine Überraschung, ein raffiniertes Gedicht, in dem der Protagonist ein Knabe war. Es hatte einen dramatischen Anfang mit einer Variation auf die „Aeneis" – wer schrieb heutzutage nicht eine Variation auf den Anfang der „Aeneis"?

„Waffen in wuchtigen Rhythmen besingen und blutige Kriege
Wollt' ich, es sollte zum Stoff passen die metrische Form.
Gleich war dem ersten Vers der zweite. Da lachte, so sagt man,
Amor, und einen Fuß stahl aus dem Vers er mir weg.
‚Wer gab, wilder Knabe, dir Rechtsgewalt über Gedichte? [...]'"[30]

Das Gedicht machte eine kleine Verneigung vor Tibull, dessen Lieblingsthema der Krieg war, und eine vor Properz, der sich häufig abfällig über den Knaben Amor ausließ. Wie alt das Ich des Gedichts ist, erfahren wir nicht, aber es zeigt Witz und verspottet Amor, der mit einem Pfeil antwortet. Darauf der Getroffene:

„Und mein Herz, das bisher frei war, beherrscht jetzt der Gott.
Mit sechs Metren soll steigen mein Werk, in fünfen sich senken;
Eiserne Kriege mitsamt eueren Rhythmen, lebt wohl!
Leg um die blonden Schläfen die Myrte vom Strande dir, Muse;
In elf Versfüßen soll nunmehr ertönen das Lied".[31]

Das elegische Distichon, bestehend aus Hexameter plus Pentameter, die eine Sinneinheit bilden, eignete sich für ein Gedicht in der Ich-Form hervorragend: Der Effekt konnte vom erhebenden Gefühl bis zur zwanglosen Plauderei reichen. Ovid hatte nicht lange gebraucht, bis er Formen wie diese beherrschte, zum Leidwesen des Vaters, der dies für eine brotlose Kunst hielt. Indem Messalla dem Sohn seine Förderung anbot, überging er die väterliche Autorität – als Patrizier konnte er sich das leisten. Doch was waren seine Motive? Dass Ovid sein Leben ganz der Dichtung widmen würde, stand für ihn wohl kaum fest. Er betrachtete das Dichten aber auch nicht als eine bedenkliche Freizeitbeschäftigung für einen Mann der Öffentlichkeit – Messalla dilettierte ja selbst als Dichter und hatte den dichtenden Ritter Cornelius Gallus als Kommandeur nach Ägypten berufen. Vielleicht war es bei Messalla sportlicher Ehrgeiz: Er wollte das junge Talent an sich binden, ehe sein Rivale Maecenas es tat. Properz hatte zum Beispiel nach der Veröffentlichung seines ersten Buches Messallas „Salon" den Rücken gekehrt und war auf Einladung von Vergil Mitglied im „Salon" des Maecenas geworden.

Der Palast

Wie viele andere Römer auch ging Messalla seinen Geschäften in seinem Wohnhaus nach. Im Jahr, als die Knaben in Rom ankamen, 31 v. Chr., bezog er gerade eine wunderschöne Residenz auf dem Palatin, die vorher Mark Anton gehört hatte. Der Palatin war zu dieser Zeit das bevorzugte Wohnviertel der römischen Aristokraten. In der Mitte der sieben Hügel Roms, dereinst umgeben von Sumpfland, boten die zehn Hektar spektakuläre Ausblicke. Die prächtigen Häuser waren von Familien erbaut worden, die von der Eroberung immer neuer Provinzen profitiert hatten. Auch Octavian wohnte auf dem Palatin, zuerst in einem wenig bemerkenswerten Haus, das vor ihm dem Redner Hortensius gehört hatte. 36 v. Chr. wurde es vom Blitz getroffen und zerstört, was laut den Auguren hieß, dass sich Jupiter an dieser Stelle einen Tempel wünschte.[32]

Die eigene Residenz, die er daraufhin plante, wollte Octavian zu einem Mittelpunkt des öffentlichen Lebens machen: Er ließ sie in einem Ensemble mit Tempeln, Gehwegen und einer großartigen Bibliothek errichten, im Zentrum ein Apollon-Tempel.[33] Als er diese Pläne für den Tempelbezirk bekanntgab, erwarb Mark Anton just dort ein Grundstück und baute eine prächtige Villa. Das verstand man als Affront gegen Octavian, denn sie besetzte genau den Aufgang zum geplanten Apollon-Tempel.

Als der römische Senat 31 v. Chr. Antonius entmachtete, bot man Messalla die Villa an; er sollte sie mit Octavians höchstdekoriertem Kommandeur und ehemaligen Jugendfreund Marcus Vipsanius Agrippa teilen. Offensichtlich bot sie genug Platz, dass dort die erweiterten Familien zweier römischer Granden residieren konnten.

Dort war es wahrscheinlich, wo die Brüder Ovid Messalla ihre erste Aufwartung machten. Über steile Treppen erklommen sie den erhabenen Hügel, und da erhob sich die Villa vor ihnen, nicht viel anders als der Tempel eines Gottes. Es ist zwar keine Beschreibung überliefert, aber der Eindruck muss für die Knaben aus der Provinz schon von außen gewaltig gewesen sein, ähnlich wie der junge Phaethon in den *Metamorphosen* auf den Palast seines Vaters, des Sonnengotts Apollon, zugeht:

„Hoch erhob sich der Saal der Sonne auf ragenden Säulen
Leuchtend von funkelndem Gold und feuerflammenden Erzen.
Schimmernd Elfenbein deckt den erhabenen First seines Giebels,
gleißend in silbernem Licht erstrahlen die Flügel der Pforten.“[34]

In Phaetons Geschichte geht es um die Suche eines Sohnes nach seinem „richtigen“ Vater, und in sie eingebettet ist wiederum eine packende Kindheits- und Jugendphantasie. Wenn man Messallas Rolle bedenkt, liegt es nahe, dass Ovid darin, bewusst oder unbewusst, seine Beziehung zu seinem Mäzen thematisiert. Wie Phaethon war er beim Kennenlernen noch ein Knabe, zwölf Jahre alt, und trug noch keine „richtige" Toga; brennend sehnte er sich nach den Pflichten und Ehren eines römischen Erwachsenen. Und vielleicht teilte er auch ein wenig Phaethons Wunsch, von seinem „richtigen" Vater anerkannt zu werden: nicht von dem, der sich in der Wirklichkeit um ihn kümmerte, sondern von einem, der vom Himmel auf ihn blickte.

Die Toga-Zeremonie

Im Familienrat war entschieden worden, dass Publius und sein Bruder ihre Toga am selben Tag erhalten sollten, Ende September 27 v. Chr., ein halbes Jahr vor ihrem Geburtstag; Publius war dann noch keine sechzehn, sein Bruder sechzehneinhalb. Die Rituale und Festlichkeiten fanden in Messallas Haus in Rom, nicht am Familienheiligtum in Sulmo statt, und ihr Gefolge waren Knaben und junge Männer, die sie aus der Schule kannten. Das Datum hatte man auf zwei Tage nach Messallas „Triumph" für seinen Sieg in Gallien festgelegt, dem ohnehin die ganze Familie Ovid beiwohnen wollte. Zur Vorbereitung auf die Toga-Zeremonie nahm der Vater die Familien-Laren vom Altar in Sulmo und brachte sie nach Rom in Messallas Residenz.

Der Morgen begann mit einem einfachen Frühstück aus Feigen und Brot, darauf folgte ein Besuch im privaten Bad, das zu den Annehmlichkeiten von Messallas Residenz gehörte. Der Barbier des Hauses erwartete die Knaben und ihren Vater in der Männerabteilung, um den Brüdern erstmals die Bärte zu rasieren. Doch vorher badeten sie in einem warmen, nach Jasmin duftenden Becken, dann in dem heißen Becken, wo sie sich gegenseitig die Haut striegelten. Dann wurde ihnen das widerspenstige Haar geschnitten und die zerzausten Mähnen ordentlich gestutzt: kurz im Nacken, Ohren frei, nach vorn in die Stirn gebürstet. Ovid trug einen Bart und hatte nichts dagegen, dass man ihm die Haare schnitt, aber es war ihm peinlich, so viel persönliche Aufmerksamkeit auf sich zu ziehen.[35]

Frisch gebadet gingen die Brüder ins Ankleidezimmer und legten ihre neue Tunika und Männertoga an, die für sie bereit lagen. Jedes Kleidungsstück zeigte mit schmalen violetten Streifen ihren Rang als Ritter an. Messallas Garderobier wusste die Toga perfekt, mit dem richtigen Fall der Falten anzulegen, sie unter der rechten Schulter zu raffen und über den linken Arm zu legen.

In der Zwischenzeit hatten sich die beiden Familien am Heiligtum der Familie Messalla versammelt. In einer würdigen Prozession betrat das Familienoberhaupt Ovid mit den Söhnen andächtig den Raum, und sie schritten auf den Familienaltar zu. Gemeinsam sangen sie die rituellen Gebete, und gemeinsam legten die beiden jungen Männer den Familien-Laren die „toga praetexta" ihrer Knabenjahre zu Füßen. Gegenseitig lösten sie sich die „bulla" vom Hals, die sie beschützt hatte, und auch sie wurde Opfergabe für die Hausgötter; später würden die Eltern alles nach Sulmo bringen.

Messalla hatte einen großen Freundeskreis und auch Bedienstete zu dem Gartenfest geladen, das auf das Familienritual folgte. Ein roter Baldachin war über den Garten gespannt, um die Gäste vor der Morgensonne zu schützen; prachtvolle Liegen standen fürs Gastmahl unter dem Portikus bereit. Opulente Köstlichkeiten waren auf kleinen Tischen bei den Liegen zur Auswahl angerichtet und wurden auch von

Sklaven herumgereicht, so dass die Gäste, die eigentlich mehr aneinander als am Essen interessiert waren, sich bedienen konnten. Zu den Gästen gehörte das ganze Gefolge, das die Familie später auf dem Weg zum Forum begleitete, wo die Namen der Brüder Ovid in die Bürgerrollen eingetragen wurden. Als sie sich zu der Prozession versammelten, kamen auch Messallas Freigelassene und sogar die Sklaven des Haushaltes hinzu. So erweiterte sich der Gratulantenkreis, und es erregte nicht wenig Aufsehen, als die Prozession ihren Weg durch die Straßen nahm.

Messalla führte den Zug an, gefolgt vom Vater Ovid, seinen Söhnen und einem dichtgedrängten Geleit von Männern – Frauen gehörten nicht zur Prozession. Messalla war nun ins festliche Ornat eines Auguren gekleidet, zu dem ihn Octavian im Jahr vor seinem Konsulat ernannt hatte: die „trabea" mit horizontalen Streifen in Scharlachrot und Safrangelb. Die Brüder nahmen wahr, wie begeistert die Zuschauer Messalla erkannten, als sie die Via Sacra erreichten und nun erstmals als römische Bürger zum Forum schritten. Dort wich die Menge zurück, um ihnen den Weg freizumachen.

Als sie die ganze Länge des Forums durchmessen hatten, löste sich das Gefolge auf. Nur die vier Hauptpersonen blieben zurück und schritten zum Kapitol hinauf. Erste Station war das „tabularium",[36] *wo die Namen von Publius und seinem Bruder in die Bürgerliste eingetragen wurden. Nicht weit von dort lag das gepflasterte „auguraculum", wo der Augur seinen Beobachtungsstand hatte. Im Südosten bot sich ein Blick bis zu den Albaner Bergen, im Norden bis zum Horizont. Mit seinem Amtsstab markierte Messalla einen Himmelsquadranten, um von ihm die Auspizien abzulesen. Der Tag war klar und heiß. Kein Blatt bewegte sich, eine ganze Weile auch kein einziger Vogel. Schließlich flatterte aus einem Garten unter-*

halb des Kapitols mit lautem Gekreisch ein kleiner Schwarm Krähen auf. Wie aufs Stichwort genau lösten sich zwei aus dem Schwarm, drehten eine Runde und flogen dann gen Westen. Messalla verkündete, dass die Zeichen nicht besser stehen könnten. Krähen waren Vögel, die Apollon geweiht waren; ihre Schreie verkündeten seine göttliche Zustimmung, erklärte er. Dass die beiden Krähen sich von ihrem Schwarm getrennt hatten, bedeutete: Die Knaben waren aus ihrem Elternhaus gen Westen ausgezogen, und in Rom würden ihnen Glück und Unterstützung für ihren weiteren Lebensweg zuteil. Am Ende des Tages gab es ein Festmahl, zu dem der Dichterkreis um Messalla, aber auch die Rhetoren, bei denen die Knaben studiert hatten, gebeten waren. Messalla hatte auch Gäste geladen, die Publius nicht kannte. Es ging zwanglos zu, wenn man einander beim Umtrunk vor dem Gastmahl vorgestellt wurde, aber jeder wusste, dass es ein wichtiger Anlass war, auch für die literarische Welt.

Der Gästekreis war derart groß, dass drei Gruppen von Liegen zum Essen im Speisesaal mit Blick auf den Garten arrangiert waren. Der Vater Ovid hatte die Ehre, zur Rechten von Messalla zu speisen, einer von Messallas Freunden – das Oberhaupt einer anderen Familie – zu seiner Linken und Publius' Bruder am selben Tisch, zwischen den Rhetoren.

Publius war am Dichtertisch platziert, wo Properz und Tibull die mittleren Liegen einnahmen. Das Essen trug dem doppelten Anlass Rechnung: Es gab zwei Kuchen. Nach dem ersten Gang hielt jeder Rhetor auf die Brüder in ihrer neuen Toga eine warmherzige Rede, in der die großen Erwartungen betont wurden. Properz bezog sich auch geschickt auf die Weissagungen, was am Dichtertisch lebhaft erörtert wurde. In sein Gedicht flocht er humorvoll das bisherige Tischgespräch ein und erhielt für seinen geistreichen Witz viel Applaus. Der

unübertreffliche Tibull paraphrasierte das Gedicht, das er zuvor zu Ehren von Messallas Triumph geschrieben hatte, indem er ihn launig zur heutigen Prozession in Beziehung setzte. Messalla lauschte mit Aufmerksamkeit, ob dabei seine Würde auch gewahrt bliebe.
Beim dritten Gang des Gastmahls überkam Publius unglaubliche Müdigkeit: Der Wein und der lange Tag mit seinen Aufregungen forderten ihren Tribut. Aber als sein Vater sich am Ende des Mahls zur Begrüßung der Gäste von seiner Liege erhob, war er wieder hellwach. Er wusste, dass ihm das Reden wegen seines ungeschickten Lateins peinlich war.
Ovidius hatte allerdings eine Mitteilung zu machen, die sich nicht delegieren ließ. In seiner unverblümten Art hob er an: Dieser wichtige Anlass, zu dem sein Freund Messalla in derart großzügiger Gastfreundschaft eingeladen hatte, sei eine gute Gelegenheit, die Verlobung seiner Söhne mit den Töchtern des Gastes zur Linken von Messalla bekanntzugeben. Die Entscheidung sei von den beiden Familienältesten getroffen worden, ohne das Einverständnis der Söhne eingeholt zu haben. Dabei wandte er sich ihnen mit jenem nüchternen Gesichtsausdruck zu, der ihnen wohl bekannt war und besagte: In dieser Angelegenheit würde es kein zweites Nachdenken geben. Wenn sie heute Männer und Römer geworden waren, müssten sie nun auch zur Eheschließung bereit sein. Gewiss, es sei nicht römischer Brauch, sich in diesem jugendlichen Alter zu verloben, doch erachte er es für seine Söhne als günstig und passend. Gleich nach ihren Knabenjahren sollten sie eine angemessene Verbindung mit einer wichtigen Familie eingehen, deren Stammbaum dem der jungen Männer aus der Provinz entsprach, im Interesse einer Zukunft, die – wie alle an diesem Abend versichert hatten – unzweifelhaft strahlend vor ihnen lag.

Als Ovidius geendet hatte, bat er den Gastgeber, die beiden jungen Frauen, die separat mit ihren Müttern gespeist hatten, hereinzuführen. Die Gäste erhoben sich von ihren Liegen, und die zwei traten üppig herausgeputzt durch die Tür.

Kapitel III

EHE, SCHEIDUNG UND ENDGÜLTIGE BERUFUNG

Im Haus ist es still: Jeder hält in der Mittagszeit, wenn irgend möglich, eine Siesta. Die junge Frau erhebt sich von der Liege in ihrem Schlafgemach und gibt ihrer Bediensteten einen Wink: Sie möchte ohne Begleitung sein. Barfuß geht sie zur Tür und schiebt den Vorhang zum Nebenraum beiseite. Auf der Schwelle hält sie inne, damit sich ihre Augen an das dämmerige Licht gewöhnen, das durch die Jalousien fällt. Sie weiß, dass der Geliebte sie kommen hört und das würzige Öl riecht, das ihr die Dienerin ins Haar gebürstet, als sie es ihr für die Siesta gelöst hat. Doch er, entblößt auf seiner Liege ausgestreckt, tut, als schliefe er. Sexueller Genuss ist für beide noch etwas Neues, und sie wetteifern miteinander, sich erotische Spiele einfallen zu lassen. Heute soll nach ihrem Willen das kleine Drama gespielt werden, das sie „Das bescheidene Mädchen" nennen. Sie löst eine Brosche an ihrer Schulter, so dass die lange Seidentunika sich öffnet und ihre Brust freigibt, das übrige Gewand hält sie eng am Körper. Der herabhängende Rocksaum raschelt über die Fliesen, als sie den Raum betritt – das Zeichen für ihn, sich zu erheben. Indem er ihren Kosenamen flüstert, versucht er, ihr die Tunika aus der Hand zu nehmen; sie setzt sich spielerisch zur Wehr. Schließlich umfängt er sie, mit der freien Hand öffnet er die andere Schulterbrosche, und ihr Gewand gleitet zu Boden.

Corinna

Dies ist eine mit Phantasie ausgeschmückte Szene aus dem 1. Buch der *Amores*, des ersten Werks, das Ovid publiziert und aus dem er öffentlich vorgetragen hat. So könnte es sich abgespielt haben, wenn die schöne Geliebte, die Ovid Corinna nennt, sich dem leidenschaftlich in sie verliebten jungen Dichter nähert. Offenbar ist sie seine erste Liebe. Basieren die *Amores* auf den Erfahrungen der frühen Ehe, die für Ovid bei der Toga-Zeremonie arrangiert wurde? Und gibt er Corinna Züge seiner jungen Ehefrau? Das sind die spannenden biographischen Fragen, die sich bei dem schillernden Werk stellen, und die ehrlichste Antwort ist: vielleicht ja, vielleicht nein. Die *Amores* gehören jedenfalls zur Gattung der bei den Römern sehr beliebten Liebeselegie, bei der eine schöne und kluge, zumeist gebundene Frau dem Dichter den Kopf verdreht und ihn am Ende verlässt.

Catull nannte seine Herzensbrecherin „Lesbia“ und spielte damit auf Sappho von der Insel Lesbos an, deren erotische Gedichte ihm als Vorbild dienten. Bei Tibull gibt es nicht nur eine, sondern gleich zwei Geliebte: Die eine ist „Delia“, und nachdem es mit ihr vorbei ist, folgt die andere, die er bemerkenswerterweise „Nemesis“ nennt – sie scheint ihm nur Ärger bereitet zu haben. Properz nannte seine Geliebte „Cynthia“, ein Beiname von Diana, der Göttin des auf- und untergehenden Mondes.[1] In Literatenkreisen waren die realen Personen, die sich dahinter verbargen, natürlich mit Namen und gesellschaftlichem Status bekannt. Indem die Bücher neben ihrer überragenden künstlerischen Qualität auch noch Anlass für Klatsch boten, wurden sie erst recht populär.

Der Name „Corinna“ stellt Ovids Heldin von Anfang an in einen literarischen Kontext: Corinna von Tanagra war eine böotische Dichterin, Zeitgenossin von Pindar, deren archaischer Stil damals in Literatenkreisen beliebt war. Das Publikum erkannte in „Corinna“ einen Hinweis auf den Typ Frau, den die Römer *puella docta* nannten: gelehrt, aber zugleich begehrenswert. Properz hatte in einem seiner innigsten Gedichte an seine geliebte Cynthia auf sie angespielt: Wenn Cynthia die Lyra zur Hand nehme, trete sie mit Corinna in Wettstreit.[2] Von dort bezog Ovid wohl den Namen seiner Geliebten und empfahl sich damit dem „Kollegen“ Properz, dem führenden Liebeslyriker, sozusagen als Juniorpartner. Für die meisten Leser ist solches Insiderwissen allerdings von sekundärem Interesse, sie möchten in Liebesgedichten ganz einfach die stürmischen und schmerzlichen Gefühle wiederfinden, die sie selbst durchlebt haben, und sei es nur in der Vorstellung. Lesbia, Cynthia oder Corinna werden zu lebendigen, faszinierenden Hauptakteurinnen von erotischen Geschichten, die in der römischen Liebeselegie oft mit einem Ehebruch beginnen. Ihr Verlauf ist danach mehr oder weniger derselbe: In einer Glockenkurve steigt das Begehren zu beglückender Befriedigung auf, sinkt dann über Misstrauen, Ängste, Obsessionen wieder ab und endet damit, dass sich der Verliebte löst.

Im 1. Buch der *Amores* schwärmt der Dichter von Corinnas Schönheit und der Stärke ihres gegenseitigen Begehrens, aber er lehrt sie auch Strategien der Lüge und des Betrugs, wie sie sich am besten der Kontrolle des Ehemanns und anderer Aufpasser entzieht.

In der Mitte des 2. Buchs beginnt der Dichter zu befürchten, dass die Geliebte die Lektionen nur allzu gut gelernt hat. Als sie schwanger wird, entscheidet sie sich für eine Abtreibung; der Unglückliche weiß nicht einmal, ob er der Vater ist. Im 3. Buch bildet er sich in seiner Verzweiflung ein, sie sei ihm untreu, um sein Begehren anzufachen. Er wird selber untreu und hat für die Seitensprünge auch eine Erklärung parat: „Allzu bäurisch ist der, den es kränkt, wenn fremdgeht die Gattin; / Über die Sitten in Rom weiß er nicht richtig Bescheid.“[3]

Alle Versuche, wieder Vertrauen zu fassen, sind vergeblich. Er erwägt, die Liaison zu beenden, doch das bringt er nicht fertig. Schließlich findet er einen Kompromiss: Er wird nicht fragen, wenn sie nichts erzählt. „Nicht daß du fremdgehst, lehne ich ab – denn du bist eine Schönheit –, / Doch daß mir Armem es dann auch noch bekannt werden muß."[4] Diese „Lösung" kann er emotional natürlich nur schwer verkraften. Die Passage endet in einer Stimmung von Erschöpfung; der Dichter verabschiedet sich von Venus als der Muse und – interessanterweise – der Mutter seines Werks: „Mutter der zarten *Amores*, such dir einen anderen Dichter!" Seine Kunst sieht er künftig „auf größerer Bahn".[5]

Bartlose Jugend

Anders als in den Liebeselegien von Catull, Tibull und Properz ist das Ich in den *Amores* sehr jung, ein unreifer Römer aus der Provinz. Man nimmt an, dass Ovid sie 15 v. Chr. vollendete, als er 28 Jahre alt war,[6] doch mit dem Schreiben begann er viel früher, vermutlich während seiner Lehrzeit im Kreis von Messalla. Die *Amores* können, zumindest zum Teil, als Entwicklungsgeschichte gelesen werden, als ein Portrait des Dichters als junger Mann, in dem die Herausforderungen, Erfolge und Niederlagen eingebettet sind in seine Entwicklung zum Ritter der Liebe.

Sexuelle Freiheit gehörte zu den Privilegien des jungen Mannes, der gerade mit der Toga-Zeremonie in die Gesellschaft der Erwachsenen aufgenommen worden war. Für die Zeit der „bartlosen Jugend",[7] wenn der Flaum im Gesicht nur gestutzt, nicht rasiert wurde, sollte er seine neue Freiheit von den Einschränkungen der Kindheit in vollen Zügen genießen. Dahinter stand die Vorstellung, dass junge Männer von unkontrollierbaren Bedürfnissen getrieben sind. Wohlstand und Luxus der Großstadt führten sie in Versuchungen, denen sie nicht widerstehen konnten: Glücksspiel, Saufgelage, Bordellbesuche, Geldverschwendung.

Die Jugendlichen trieben sich in „Gangs" herum und ließen sich von verkommenen glamourösen Subjekten verführen.

Horaz stellt diesen Typ in seiner *Ars Poetica* dar: „Der bartlose Jüngling – endlich ist er den Aufpasser los – freut sich an Pferden und Hunden und am Rasen des sonnigen Sportfelds, wachsweich zum Laster zu lenken, halsstarrig gegen die Mahner, säumig, für seinen Vorteil zu sorgen, Verschwender des Geldes, hochgemut und begehrlich und rasch bereit, zu verlassen, was er geliebt hat."[8]
Wenn aus dem Flaum ein Vollbart wurde, kam die erste richtige Rasur. Diese wurde mit einer Zeremonie gefeiert, der *depositio barbae.* Die abgeschnittenen Haare wurden in eine Schmuckdose gelegt und den Hausgöttern in einem religiösen Ritual geopfert. Danach gab es ein Fest im Kreis der Familie.[9]
Zu diesem Zeitpunkt war an dem jungen Mann alles Jungenhafte weggeschmolzen wie Babyspeck, und was blieb, war ein guter Bürger. Man erwartete von ihm, dass er mit 25 Jahren verheiratet war, eine Familie gründete und eine seiner Geburt und seinen Begabungen entsprechende Rolle im öffentlichen Leben bekleidete. Cicero, eine Autorität für römische Sitten, formuliert es so: „Wenn er die Stimme der Lust erhört und sich eine Weile der Liebe und solch leeren Begierden der Jugend hingegeben hat, möge er sich einem häuslicheren Leben zuwenden, den Aufgaben im Forum und im öffentlichen Leben."[10]
Die Hauptrolle in den *Amores* spielt solch ein bartloser junger Mann. Wie in einem Film wird der Leser Zeuge, wie er auf dem Weg der sexuellen Reifung allmählich ein erwachsener Mann wird.
Die Eröffnungsgedichte machen vor allem deutlich, dass es nicht nur allgemein um Liebeserfahrungen geht, sondern um die erste Liebe. Amors Pfeil – ein Testosteronschock – trifft den Dichter, ehe überhaupt ein Mädchen, das seine Gefühle hätte durcheinander bringen können, aufgetaucht ist. Sexu-

elle Erfahrungen scheint er noch keine zu haben: Das zweite Gedicht zeigt ihn in einem allgemeinen, gänzlich unvertrauten Leidenszustand, den das Begehren auslöst: „Was bedeutet es nur, dass mir das Lager so hart scheint […] / Müßt' ich's doch, meine ich, merken, wenn Liebe mich heimsuchte […] / So wird's sein: Es stecken die zierlichen Pfeile im Herzen."[11] Wenn er im dritten Gedicht mit seinem Mädchen allein ist, bleibt die Schöne ironischerweise namenlos – dabei will er sie doch berühmt machen wie die Göttinnen, die seine Verse zieren. Vor allem aber fällt im dritten, sehr witzigen Gedicht seine Naivität auf. Er steht noch am Anfang seiner Karriere als Liebhaber.

„Nimm ihn an, der bereit ist, dir lange Jahre zu dienen,
Ihn, der's versteht, dir stets makellos treu zu sein, nimm! […]
Gibt es noch Treue, wirst du ewige Sehnsucht mir sein.
Leben möcht' ich mit dir die Zeit, die die Fäden der Schwestern
Mir noch schenken; du sollst traurig sein, wenn ich einst sterb'."[12]

Zu diesem Zeitpunkt, weiß der Leser, hat er noch keinen richtigen Antrag gemacht, aber mit rhetorischen Verführungskünsten bereitet er das Terrain vor. Im fünften Gedicht ist es soweit:

„Siehe, Corinna erscheint mit entgürtetem Kleide, und ihren
Weißen Hals bedeckt ganz ihr gescheiteltes Haar […]
Als vor meinen Augen sie hüllenlos dastand, da war nun
An dem ganzen Leib nirgends ein Makel zu sehn.
Was für Schultern und Arme ich sah und berührte! Wie war doch
Ihrer Brüste Gestalt für die Liebkosung bestimmt!
Unter dem straffen Busen wie eben der Bauch! Ihre Hüften –
Schlank und vollkommen!"[13]

Mit der genauen Beschreibung von Corinnas Schönheit verankert der Dichter am Anfang des ersten Buches der *Amores* seine Sexualität von vornherein in der Beziehung zu einer Person, die uns als „echt" dargestellt wird. Ab jetzt orientiert sich das Curriculum seiner sexuellen Erziehung an Corinna, und sie ist lustvoll bei der Sache:

„Ja, neun Nummern verlangte Corinna in einer so kurzen
Nacht einst, ich weiß es noch gut: Ich hab' es fertiggebracht.[14]
Jetzt ist es herrlich, zu ruhn in den zarten Armen der Herrin,
Jetzt, wenn je, ist sie mir eng an die Seite geschmiegt.
Jetzt ist auch tief der Schlaf, und die Luft ist kühl, und aus sanfter
Kehle singen jetzt hell allerlei Vögel ihr Lied."[15]

Corinna kann furchtbar eifersüchtig und launisch sein. Einmal pocht sie auf ihre Unabhängigkeit und jagt ihm Angst ein, indem sie zu einer Seereise ohne ihn aufbrechen will – Frauen gingen (wenn auch nicht häufig) in damaliger Zeit ohne ihre Männer auf Reisen. Er fleht sie an, ihn nicht zu verlassen:

„Sicherer ist's, mit den Fingern die thrakische Leier zu schlagen,
Bücher zu lesen sowie warm sich zu halten das Bett.
Tragen geflügelte Winde aber davon meine Worte
Wirkungslos, sei deinem Schiff doch Galatea geneigt!
Göttinnen ihr […]
Euer Verbrechen wird sein solch eines Mädchens Verlust."[16]

Als er später seinerseits allein auf Reisen geht, lässt er den Kopf hängen und klagt:

„Aber warum werde ich oft von der Herrin getrennt?
Dabei tatst du den Schwur bei mir und bei deinen Augen,

Meinen Sternen, mit mir immer zusammenzusein.
Worte der Mädchen sind leichter als fallende Blätter, es tragen
Welle und Wind sie ins Nichts, ganz wie es ihnen gefällt."[17]

Auch wenn sie eine verwöhnte Schönheit ist, durch ihr gutes Aussehen stolz und hochmütig geworden, so bleibt sie doch eine unerschöpfliche Inspiration für sein Schreiben: „Keine andre als dich werden meine Gedichte besingen, / Du allein wirst es sein, die mein Talent inspiriert."[18] Zwar sind sie nun ein Paar, aber Zug um Zug kommen beide dahinter, dass der andere fremdgeht. Interessanterweise erträgt der junge Dichter keine gebildete Partnerin an seiner Seite. Umgekehrt hat sie offenbar einige seiner Gedichte als Anleitung genutzt: Im letzten Buch, wo „Tragödie" und „Elegie" als Personen auftreten, bemerkt „Elegie" im Lauf ihrer Unterhaltung mit dem Dichter, Corinna habe von ihr einiges gelernt:

„*Ihren Wächter zu täuschen, zu sprengen die sonst so verläßlich*
Zugeriegelte Tür, lernte Corinna durch mich,
Auch mit der lockeren Tunika aus dem Bette zu gleiten
Und in der Nacht ganz leis vorwärts zu setzen den Fuß."[19]

Welche Ironie, dass die Gedichte, zu denen sie ihn inspiriert, ihr als Gebrauchsanweisung dienen! Doch dem Liebhaber bekommt dies gar nicht. Ihre Täuschungsmanöver stürzen ihn in Liebeskummer. „Wenn du doch weniger schön oder weniger lasterhaft wärest! / So eine schöne Gestalt paßt nicht zu übler Moral."[20]

Am Ende führt die Geschichte den bartlosen jungen Mann weg von Corinna und hin zu seiner Bestimmung als gewandter – will heißen, ehebrecherischer – römischer Städter. Als er die Affäre schließlich beendet, ist er dem Mädchen über den

Kopf gewachsen. Er hat seine Leidenschaft überwunden und mit ihr auch die Illusion, Liebe währe ewig. Er ist erwachsen geworden.

Soldat der Liebe

In den *Amores* geht es allerdings nicht nur um die sexuelle Reifung des Dichters, sondern auch um seine Sorge, sich beruflich durchzusetzen. Eine wenig attraktive Möglichkeit ist der Militärdienst. Ein Freigeborener konnte in Rom mit siebzehn zur Armee gehen, wo ein Ritter oder Senator gleich in höherem Rang (als Tribun) anfing. Die Ausbildung begann mit rigorosem körperlichem Drill auf dem Marsfeld, einem weitläufigen offenen Gelände gleich hinter der alten Stadtbegrenzung am Tiberbogen, das schon in den frühen Jahren Roms so genutzt worden war. Im 2. Jahrhundert v. Chr. baute man dort für Wagenrennen den Circus Flaminius, und 55 v. Chr. entstand unter Pompejus Roms erstes Theater aus Stein. Zu Ovids Zeiten kamen Denkmäler, Villen, Wohnhäuser und Parkanlagen hinzu, aber noch immer gab es viel freies Gelände. Vermutlich traf sich Ovid während seiner Ehejahre dort mit gleichaltrigen Männern und übte sich, wie er später beschreibt, im Speer- und Diskuswerfen, Fechten, Reifenrollen, Ballspielen oder Reiten; danach wurden beim Schwimmen im Tiber Schweiß, Fett und Staub abgewaschen.[21]

Bei diesen Ertüchtigungen legten die jungen Männer ordentlich Muskelmasse zu und registrierten stolz, wie ihre jugendlichen Körper männliche Formen annahmen. Für die meisten war das Training auch Vorbereitung für den Militärdienst, den sie Anfang zwanzig aufnahmen, nachdem sie ein erfahrener Beamter bereits in Recht und öffentlicher Verwaltung unterwiesen hatte.[22] Mit 27 hatten sie die wichtigsten römischen Institutionen des Rechts und der Armee durchlaufen und waren für ein Amt in der Finanzverwaltung qualifiziert. Auch nach Beendigung des Bürgerkriegs, in der relativ freien Anfangszeit des augusteischen Reichs, hielt man die Militärpflicht also noch immer für unverzichtbar, obwohl die Abneigung dagegen unter jungen Männern weit verbreitet war. Ovid konnte dem Dienst entkommen, indem er vermutlich niedrige Verwaltungsämter übernahm. In den *Amores* findet er für sein Verhalten eine bemerkenswerte Rechtfertigung: Sein Schlachtfeld sei das der Liebe und sein Dienst als Liebhaber dem Wehrdienst vergleichbar.

„Jeder, der liebt, ist Soldat, und sein eigenes Lager hat Amor;
Atticus, glaube mir nur: Jeder, der liebt, ist Soldat.
Nur die Jugend, welche zum Krieg taugt, paßt auch zur Liebe:
Schlimm ist ein Greis als Soldat, schlimm ist ein Greis, welcher liebt.
Ja, Energie, wie die Feldherrn vom tapfren Soldaten sie fordern,
Fordert die Schöne vom Mann, welcher das Bett mit ihr teilt.
Beide durchwachen die Nacht, auf dem Erdboden ruhen sie beide,
Türhüter bei einer Frau dieser, beim Heerführer der.
Lange Märsche sind Pflicht des Soldaten; schick eine Frau fort,
Unaufhörlich und zäh folgt ihr der Liebende nach,
Geht über schwer zu ersteigende Berge, durch Flüsse, die Regen
Anschwellen ließ, und stapft mitten durch Haufen von Schnee
[…]
Also: Wer sagt, die Liebe sei Müßiggang, möge doch damit aufhören […]
Ich nun selber war faul und geboren zur Muße in lockrer
Kleidung: Schatten und Bett hatten verweichlicht den Sinn.
Sehnsucht nach einer Schönen trieb mich, den Trägen, zum Handeln,
Hieß mich dienen für Sold nunmehr in ihrer Armee.

Daher siehst du mich jetzt aktiv und nächtliche Kämpfe
Führend. Jeder, der nicht träg werden will, sei verliebt!“[23]

Abgesehen davon, dass Ovid in den Jahren des Erwachsenwerdens einen Brotberuf finden musste, hatte er, der Verpflichtung seiner Familie entsprechend, dem Patron seinen Respekt zu erweisen. Diesen Druck spürten Ovid und sein Bruder überdeutlich. Als Messallas Klienten hatten sie die Pflicht, jeden Tag einer *salutatio* beizuwohnen. Das Ritual verlangte, dass man früh aufstand, die Toga anlegte und bei Sonnenaufgang in Messallas Haus zusammenkam. Jeder Abhängige erhielt von der Dienerschaft einen kleinen Essenskorb, was die Abhängigkeit vom Mäzen deutlich machte. Alle Teilnehmer standen zwei Stunden oder länger im Atrium des Hauses herum und warteten darauf, dass der Herr erschien; dann bildeten sie sein Geleit, wenn er für seine Alltagsgeschäfte zum Forum schritt.[24] Manchmal waren auch die Frauen der Untergebenen dabei. Erst wenn die *salutatio* nach Vorschrift öffentlich absolviert war, durfte der Klient wieder nach Hause gehen.

Vielleicht war es so

In den *Amores* steht nicht viel über die Anforderungen, die der Alltag neben der sexuellen „Vollbeschäftigung“ sonst noch stellte. Gegen Ende des dritten Buchs macht sich der Dichter über den Leser lustig, der alles für autobiographisch halten könnte, und legt ihm nahe, die Geschichte von Corinna und ihrem Liebhaber besser als Fiktion zu verstehen.
Allerdings stellt er es in den autobiographischen *Tristia* dann doch so dar, als hätte es für Corinna ein Vorbild gegeben: „Meine Begabung weckte ein Mädchen, das dann in der Hauptstadt / Jeder besang: Im Gedicht hab’ ich’s Corinna genannt.“[25] Vom

„vertrauten Bett“ ist die Rede, das der Dichter mit Corinna teilt, und in vielen Gedichten wird das häusliche Arrangement so geschildert, dass die beiden Liebenden einander jederzeit sehen können. Einmal sucht Corinna das Schlafzimmer ihres Geliebten auf, ein ander Mal kommt der Dichter in den Ankleideraum, wo die Dienerin Corinna das Haar richtet;[26] und dann wieder genießt er eine sinnliche Umarmung bis in den frühen Morgen, wenn jeder andere schon zur Arbeit eilt.[27]
Am wichtigsten jedoch sind die beiden Gedichte über Corinnas Schwangerschaft und Abtreibung. Bei anderen zeitgenössischen Liebeslyrikern finden sich diese Themen nicht, vermutlich weil eine Schwangerschaft in der außerehelichen Beziehung ungern gesehen wurde. Bei Ovid mischen sich Gefühle von Sorge, Misstrauen und Missbilligung mit der Hoffnung, dass Corinna überlebe, und zwar so, dass man dabei die Angst eines Ehemanns spürt. Das erste Gedicht wirkt, als sei es an Corinnas Bett gesprochen:

„Da sie unbedacht abtrieb die Last ihres schwangeren Leibes,
Liegt Corinna nun da; krank ist sie, ringt mit dem Tod.
Weil sie ohne mein Wissen so etwas Gefährliches wagte,
Hat meinen Zorn sie verdient, aber er schwindet vor Angst.
Dabei empfing sie von mir doch, oder ich glaub' es zumindest:
Alles, was stattfinden kann, nehm' ich als Tatsache oft [...]
Darf man in solcher Angst eine Mahnung aussprechen, sag' ich:
Diese eine Schlacht sei dir für immer genug.“[28]

Das zweite ist ein allgemeines Plädoyer gegen Abtreibung, weil sie gegen die Natur sei und, ginge man ungehindert damit um, den Fortbestand der Menschheit einschließlich des Kaisertums gefährde. Aber es enthält auch den Kern einer Erklärung, was Corinna dazu gebracht haben könnte:

„Wozu ist's gut, daß Frauen vom Kriegsdienst befreit sind und wilden
Scharen zu folgen nicht willens, den Schild in der Hand?
Ohne Mars erdulden sie Wunden von eigenen Waffen,
Wappnen sich selbst zum Verderb blindlings die eigene Hand!
[...]
Nur damit deinen Bauch nicht der Vorwurf trifft, er sei runzlig,
Soll man für deinen Kampf ausstreuen schrecklichen Sand? [...]
Zärtliche Mädchen tun's, doch ohne Strafe denn doch nicht:
Sie, die ihr Kind im Leibe tötet, kommt selber oft um.
Gnädige Götter, gestattet, daß einmal gefahrlos sie fehlte!
Das ist genug: Bestraft werde das zweite Vergehen."[29]

Ein junges, naives Mädchen wollte also die unschönen Folgen einer Schwangerschaft vermeiden. Offenbar war Abtreibung bei den Frauen der guten Gesellschaft – nur über diese ist etwas bekannt – nicht unüblich. Der Dichter kennt sich mit den einzelnen Schritten aus und erspart uns auch nicht die Details: „Warum stecht ihr mit Waffen von unten heraus euer Innres / Und gebt gräßliches Gift noch nicht Geborenen ein?"[30]

Ein Mann aus gutem römischem Hause verfolgt mit der Ehe einen klaren Zweck: einen rechtmäßigen männlichen Erben zu zeugen. Natürlich wirft der Dichter Corinna nicht vor, dass sie ihm kein Kind gebärt, denn sie ist ja im Gedicht eine Mätresse, eine anderweitig gebundene Frau. Trotzdem wirken seine fürsorglichen, besitzergreifenden Gefühle wie die eines Ehemanns.

Auch Ovids Ehefrau, darf man annehmen, war vielleicht die Mätresse anderer Männer, und es kam möglicherweise dazu, dass sie bei Einladungen im Haus Ovid mit einem Liebhaber flirtete, während sie direkt neben dem Ehemann lagerte, was der nicht ohne Eifersucht registrierte. Der Dichter beschreibt dies bezeichnenderweise nicht in der Rolle des Ehemanns, sondern des Liebhabers:

„[...] streife mir heimlich den Fuß.
Schau auf mich, meine Winke und sprechenden Blicke; verstohlne
Zeichen empfange von mir; send sie dann wieder zurück.
Lautlos redende Worte sprech' ich mit den Brauen, und Worte
Liest von den Fingern du, liest Worte, geschrieben in Wein.
Denke du daran, wie frech wir's schon trieben, dann fasse an deine
Purpurnen Wangen ganz sanft mit deinem Daumen dir hin."[31]

Ehe

Die Voraussetzungen von Ovids unglücklicher Teenagerehe waren die in Rom damals üblichen: Sie wurde von den beiden Familienältesten arrangiert, und die Familien waren in der Regel sozial gleichgestellt; Standesunterschiede vermied man in jeder Klasse.[32] Ein Gedicht am Ende der *Amores* deutet darauf hin, dass in Ovids Fall beide stark in der ländlichen Kultur Italiens verwurzelt waren. Seine Frau stammte aus Falerii in Etrurien, 50 Kilometer nördlich von Rom, „aus dem Land der Falisker, dem obstreichen", wie der Dichter wohlwollend anmerkt.[33]

Gleich welche Umstände Braut und Bräutigam zusammenführten, ein wichtiger Aspekt bei den Verhandlungen der Familienältesten war die Vermögensregelung. Ovids Vater hatte die Jungverheirateten in einem angemessenen Haus unterzubringen. Der Brautvater erklärte sich zu einer Mitgift bereit, die der Familie Ovid zukam, nicht dem Bräutigam persönlich, denn solange der Vater lebte, hatte der Sohn keinen individuellen Besitz.[34] Ins Gewicht fielen bei der Wahl

der Braut auch die gesellschaftlichen Beziehungen, die sie einbrachte, also hochrangige Verwandtschaft sowie freundschaftliche und familiäre Kontakte zur politischen Elite.
Ist Corinna tatsächlich der Braut nachgebildet, dann zeichnete sie sich durch große Schönheit aus. Ein dicker Haarschopf fiel bis zur Hüfte, schwarz mit goldenem Glanz, „wie es die ragende Zeder, der Baum in des Idagebirges / Feuchten Talgründen zeigt, löst man die Rinde ihr ab.“[35] Ihr hübsches Profil und ihr bezauberndes Gesicht machten sie allerdings stolz und hochmütig.[36]
Wie Ovid berichtet, heirateten sie kurz nach der Toga-Zeremonie. Die Hochzeit fand normalerweise im Elternhaus der Braut statt, das mit Girlanden und Kränzen geschmückt war. Die Braut hatte ihr Brautkleid selbst gefertigt, mit Tunika und gewebtem Gürtel, der mit einem besonderen Knoten gebunden und vom Ehegatten in der Hochzeitsnacht gelöst wurde; auf dem Kopf trug sie einen Kranz selbstgepflückter Blumen. Sie trug zum ersten Mal auch einen Schleier, woran man ihren Stand als verheiratete Frau erkannte. Der Brautschleier war etwas ganz Besonderes: Er war safranfarben und bedeckte die Frau von Kopf bis Fuß.
Nachdem die weiblichen Verwandten die Braut angekleidet hatten, brachte man den Hausgöttern Opfer dar. Dann führten die Brauteltern die Frau ihrem Bräutigam zu, und ihre Hände wurden von der *pronuba*, der Brautjungfer, ineinander gelegt. In der römischen Ikonographie stand dies zugleich für einen Geschäftsabschluss – die Hochzeit war zweifellos ein solcher. Wenn das Paar sich die Hände gegeben hatte, wurden die Verträge über die Mitgift bezeugt; manchmal waren die Unterzeichner Ehrengäste. Der Bräutigam machte sich dann allein auf zum neuen Haus. Dort empfing er die Braut, die aus dem Haus ihrer Familie kam, begleitet von einem Ge-

folge, das all ihren Besitz trug, mitsamt einer Fackel, die an ihrem heimatlichen Herd entzündet worden war.

Zum immateriellen Vermögen, das sie mitbrachte, gehörte ihr Familienname, der Name ihres Vaters; eine Frau nahm nicht den Namen ihres Ehemanns an.[37] Doch in seinem Haus begann sie jetzt ein neues Leben. Bei ihrer Ankunft bestrich sie die Türschwelle mit Öl. Jemand aus ihrem Gefolge trug ihren Spinnrocken und die Spindel. Diener hoben sie über die Schwelle, und der Ehemann begrüßte sie mit Feuer und Wasser. Dieser Teil des Rituals war bedeutsam: Wasser symbolisierte Leben und Feuer das römische Haus.[38]

Im Empfangsbereich des Hauses oder der Wohnung stand – für jeden sichtbar, so dass man darüber Witze machen konnte – das geschmückte Ehebett. Aber für die Hochzeitsnacht zog sich das Paar in die Räume des Ehemanns zurück und hatte dort seine Ruhe. Das Hochzeitsfest fand am folgenden Tag statt, und die Braut war nun zum ersten Mal in ihrem Leben Gastgeberin. Bei dieser Gelegenheit brachte sie den Hausgöttern ihr erstes Opfer dar[39] und bestätigte damit ihre Rolle als *domina* und *matrona*. Ab jetzt war sie keine Jungfrau mehr.

Wenn Ovids Hochzeit ähnlich wie alle römischen Hochzeiten verlief, so fiel sie doch in einem interessanten Punkt aus dem Rahmen: Der Bräutigam war extrem unerfahren. Zumeist heirateten römische Männer mit 25 oder älter, die Frauen hingegen ab fünfzehn. Der Altersunterschied von etwa zehn Jahren stärkte den Ehemann in seiner Autorität, seinen Vorlieben und seinem Geschmack.[40] Im Fall von Ovid war es wohl sinnvoll, dass die Eltern eine so junge Ehe arrangierten, weil die Verbindung mit einer römischen Familie ihn, das Kind vom Land, leichter und früher zum Römer machte. Ebenso konnte die Familie der Braut nur gewinnen, wenn sie, noch sehr jung und Jungfrau, einen Mann mit guten Perspektiven heiratete.

Beide Väter behielten ihre Hand auf dem Familienvermögen. In den *Amores* deutet Ovid an, dass Corinna kein eigenes Geld hatte und von der Großzügigkeit ihres Mannes abhängig war. Durch einen Türspalt lässt er den Dichter sogar eine Kupplerin belauschen, die Corinna zu überreden versucht, sich für Sex bezahlen zu lassen:

„*Würde doch nur dein Glück deiner großen Schönheit entsprechen!*
Wirst du reich, ist's für mich bald mit der Armut vorbei [...]
Schau, was schenkt dein Poet außer neuen Versen? Die vielen
Tausend des Liebhabers kriegst hier zur Lektüre du nur! Selbst der
Dichtergott, herrlich im goldnen Gewande, hat eine
Lyra mit Goldschmuck, wenn tönende Saiten er schlägt.
Glaub mir, von reichem Talent zeugt es, wenn einer was gibt.“[41]

Gegen Ende der römischen Republik war es öfter der Fall, dass eine Frau auch nach der Hochzeit ihren Status als Tochter ihres Vaters behielt. Somit hatte der Vater weiterhin die väterliche Macht über sie, und später würde sie von der Familie ihres Vaters, nicht von der ihres Mannes erben. Ferner bedeutete es, dass sie keine Rechte an Kindern hatte, die in dieser Ehe gezeugt wurden.

Aus einem anderen Gedicht in den *Amores* geht hervor, dass auch der junge Dichter kein eigenes Geld besaß. Sein Vater hatte für ihn vermutlich eine Apanage ausgesetzt, die für die Bedürfnisse eines jungen Mannes seines Standes bei der Eheschließung ausreichte; und natürlich wurde er von der Familie seiner Braut als künftiger Erbe eines Großgrundbesitzers angesehen. Doch im Alltag des jungen Paares mögen die begrenzten finanziellen Mittel, gleich wie großzügig bemessen, Anlass für Ängste und Streitigkeiten gewesen sein. Die beiden hatten gesellschaftlichen Umgang in Kreisen, wo Reichtum ständig zur Schau gestellt wurde und Luxusgüter, die sie sich selbst niemals leisten konnten, als selbstverständlich galten. Der Dichter – so wird es in den *Amores* dargestellt – ist sich seines geringen Einkommens sehr bewusst. Einmal beschimpft er Corinna, weil sie um Geschenke gebeten hat,[42] ein ander Mal nennt er seine Aussichten auf eine große Erbschaft ziemlich dürftig. Seine Gefährtin ist das menschliche Kapital, von dem seine Kunst sich nährt:

„Wenn mich nicht meiner Vorfahren große Namen empfehlen,
Wenn nur ein Ritter war, der Urahn ist meines Geschlechts,
Und mein Ackerland nicht von zahllosen Pflügen verjüngt wird,
Beide Eltern auch stets sparsame Wirtschafter sind,
Stehn doch Apoll, die neun Schwestern sowie der Erfinder des Weinstocks
Mir zur Seite und er, Amor, der dir mich jetzt schenkt [...]"[43]

Ovid fordert hier als Künstler den gesellschaftlichen Aufstieg ein, wie ihn früher die Militärlaufbahn eröffnete. Zu Ovids Zeit gab es diesen neuen Weg: als Künstler zu Ruhm und Ehren zu gelangen. Hatte ein Dichter ein Epos veröffentlicht, blieb bei künftigen Generationen nicht nur der Name des Helden in Erinnerung, sondern auch der Name des Autors. Nun war Ovid in seinen ersten Ehejahren noch so jung, dass er – gemeinsam mit seinem Bruder – zunächst das Studium der Rhetorik und der Rechte abschloss, um für den öffentlichen Dienst bei Gericht oder im Senat qualifiziert zu sein. Seine Familie, zu der nun auch ein Schwiegervater gehörte, hielt seine Dichterei sicher weiterhin für einen zweifelhaften Beruf, trotz Messallas unermüdlicher Förderung. Dass in den

Amores die Berufung zum Dichter höher eingeschätzt wurde als militärischer Ruhm, hätte den Schwiegervater irritiert. Alles in allem war Ovid trotz seiner Jugend als Ehemann keine schlechte Partie. Dennoch ging seine Ehe etwa im Jahr 25 v. Chr. zu Bruch, als er gerade achtzehn war. In den *Tristia* schenkt er dem nur zwei Zeilen: „Fast noch ein Knabe, erhielt ich eine, die weder würdig / war noch von Vorteil, zur Frau, und diese Ehe war kurz."[44]
Was war geschehen?

Scheidung

Etwa eine von sechs Ehen der römischen Oberschicht endete innerhalb der ersten zehn Jahre mit Scheidung,[45] und es brauchte keine Klärung der Schuldfrage. Eine Scheidung war leicht zu erreichen: Entweder der Mann oder die Frau beantragten sie. Der Mann konnte seiner Frau sagen, sie solle ihr Hab und Gut nehmen, die Schlüssel abgeben und gehen.[46] Oder die Frau konnte ihrem Mann mitteilen, sie werde ihr Hab und Gut nehmen und sein Haus verlassen. Damit legte sie die Rolle als Ehefrau ab, die sie beim ersten Betreten des Hauses angenommen hatte. Es genügten die schlichten Worte, wie sie etwa aus den Komödien von Plautus überliefert sind: „Nimm deine eigenen Dinge an dich."
Im richtigen Leben mussten Zeugen aus der Familie zugegen sein, oder das Ganze wurde durch einen Boten oder einen Brief eingeleitet. Jedenfalls wurde die Scheidung durch den besagten Satz rechtskräftig. Dann traten Familienmitglieder und Rechtskundige hinzu, um die Rückgabe der Mitgift zu verhandeln und die jeweiligen Ansprüche auf das gemeinsame, in glücklicheren Zeiten erworbene Eigentum zu regeln.
Darf man von der Beziehung des Dichters zu „Corinna" auf seine Ehe schließen, so scheiterte diese an zweierlei: Mangel

an Vertrauen und Mangel an Geld. Vielleicht kam der äußere Druck dazu, ob Ovid dem von seiner Familie gewünschten Beruf gewachsen sein würde, und Einfluss mag auch die sexuelle Doppelmoral gehabt haben. Die römische Gesellschaft vermittelte dem jungen Mann, dass er tun könne, was er wolle – tatsächlich wurde von ihm geradezu erwartet, dass er sich in dieser Lebensphase sexuell auslebte. Die Ehebrüche und ihre Abtreibung machten „Corinna" hingegen in den Augen der Römer zu einer Frau, die „weder würdig noch von Vorteil" war.

Wenn die Ehefrau Ovid auch keine Kinder gebar, so war die erste Ehe seiner Karriere auch nicht hinderlich. Während dieser Zeit schrieb er an den *Amores*, und ziemlich genau zu der Zeit, als sie sich trennten, begann Ovid mit den öffentlichen Lesungen daraus, und zwar mit riesigem Erfolg.[47] Im gleichen Jahr wurde das erste Buch – fünfzehn Gedichte – veröffentlicht.[48] Plötzlich war er berühmt. Und er war frei.

Bildungsreise und Berufung zum Dichter

Im Jahr 23 v. Chr. unternahm Ovid, wie alle wohlhabenden jungen Männer seiner Zeit, als Krönung seiner „Ausbildung" zum jungen Römer eine Bildungsreise durch die Alte Welt. Es hätte nahegelegen, dass ihn sein Bruder begleitete, doch der war im Jahr zuvor im Alter von nur zwanzig verstorben. Über die Todesursachen findet sich nichts in Ovids Werk, aus den autobiographischen *Tristia*[49] sprechen aber der Schock und die Nachwirkungen des Verlusts: „Ein Teil fehlt mir seither von mir selbst." Der Gefährte, den Ovid für die Reise aussuchte, war ebenfalls ein Dichter und wie er Günstling von Messalla: Aemilius Macer.

Einer jahrhundertealten Reiseroute folgend, schifften sich die beiden vermutlich in Ostia ein und fuhren nach Griechenland, zu den Stätten der griechischen Mythologie, die ihnen aus dem Unterricht vertraut waren. Nach längerem Aufenthalt in Athen ging es, wohl in einem rumpelnden Wagen, über Land nach Delphi, Korinth und Epidaurus, vielleicht auch nach Olympia und Theben. Die einst prachtvollen Städte waren über die Jahrhunderte zu Ruinen verfallen. Immerhin hatten ihre Festspiele in weniger glanzvoller Form überlebt. In Olympia gab es noch die athletischen Wettkämpfe, in Delphi die pythischen Spiele zur Feier der Künste. Dort verkündete in den Ruinen des großen Apollon-Tempels auf dem Parnass das Orakel immer noch rätselhafte Prophezeiungen. Einige Tempel und Gebäude waren von den Römern in Stand gesetzt worden und boten den Besuchern nun römische Annehmlichkeiten: Wasserleitungen, luxuriöse Badehäuser, bessere Straßen. Jahre nach seiner Reise sollte Ovid eine der großen Episoden der *Metamorphosen* in Delphi ansiedeln und die Geschichte erzählen, wie der Lorbeerkranz zum Symbol für Apollons Triumph als Lyriker wurde.

Von Griechenland brachte eine kurze Seefahrt die Reisenden auf die Insel Rhodos, wo früher der Koloss gestanden hatte. Die riesige Bronzeskulptur Apollons war 224 v. Chr. bei einem Erdbeben zerstört worden, aber viele andere Denkmäler erinnerten noch an das berühmte Bauwerk. Seit dem 1. Jahrhundert v. Chr. war Rhodos für die Römer ein wichtiges Bildungszentrum, vor allem wegen seiner bekannten Rhetorenschulen. Als Ovid es besuchte, war es allerdings gezeichnet von den Verwüstungen, die Cassius, einer der Anführer der Verschwörung gegen Julius Caesar, auf seinem Feldzug angerichtet hatte.

Rhodos war auch ein angenehmer Zwischenstopp auf dem Weg nach Kleinasien, wo die Reisenden vor allem die Stätte des mythischen Troja lockte. Die griechischen Sieger hatten

200 v. Chr. dort eine neue Stadt gegründet, die Julius Caesar später als eine Art Nationalheiligtum seinem Schutz unterstellte: Er bezog sich dabei auf den Mythos, der von der Verwandtschaft seiner Familie mit der von Aeneas berichtet und ihn so mit der Göttin Venus in Verbindung brachte.[50]
Ovid zog es vor allem wegen einer berühmten Statue der Athene/Minerva nach Troja. Dort fand er allerdings heraus – so beschreibt er es in den *Fasti* –, dass man sie längst nach Rom verbracht hatte:

„Da – so erzählt man sich – fiel der bewaffneten Göttin Minerva
Bildnis vom Himmel direkt nieder auf Iliums Burg.
Die wollt' ich sehn, und ich sah den Ort und den Tempel, denn dieser
Steht noch heut in der Stadt, Pallas jedoch ist in Rom!
Smintheus fragt man um Rat, und, im dunklen Haine verborgen,
Sprach mit dem Mund, der nie Falsches verkündet, der Gott:
‚Schützt die himmlische Göttin, so werdet die Stadt ihr auch schützen;
Nimmt sie doch, wenn sie den Ort wechselt, die Herrschaft auch mit!'
Ilus schützt sie nun so: Er hält auf der Burg sie verschlossen.
Diese Aufgabe fällt dann dem Laomedon zu.
Priamus schützt sie zu wenig: Sie wollte es selber so, weil nach
Jenem Richterspruch sie nicht als die schönste einst galt.
War es der schlaue Odysseus, der Schwiegersohn Adrastus
Oder Äneas – es heißt, daß sie entführt worden sei.
Niemand weiß, wer das tat. In Rom ist das Bild jetzt, es wird von
Vesta beschützt; sie sieht alles in ewigem Licht!"[51]

Die Römer des 1. Jahrhunderts v. Chr. brauchten nicht zu reisen, um bedeutende griechische Kunstwerke zu sehen. In den Gründerjahren des Reichs erwarb Rom vier Stücke von Phidias, die im Tempel der Fortuna aufgestellt wurden. Werke von Praxiteles schmückten den kapitolinischen Hügel und die Halle der Octavia.[52] In privaten Herrenhäusern und Villen sowie in den Gärten standen zahlreiche originale Skulpturen, und mit wachsendem Wohlstand konnten sich viele Römer bald Kopien leisten.

Auch die übrige kleinasiatische Küste hatte prächtige Städte zu bieten: Pergamon mit seiner berühmten Bibliothek und dem großartigen Zeus-Altar; Smyrna, wo Homer angeblich gelebt hatte, als er seine Epen schrieb; Ephesus, wo ein bedeutender Artemis-Tempel stand; Milet, ein Zentrum der Philosophie und Naturwissenschaften; Halikarnassos, der legendäre Geburtsort von Herodot mit seinem riesigen Mausoleum, das vom Dichter Antipater von Sidon in der zweiten Hälfte des 1. Jahrhunderts als eines der sieben Weltwunder bezeichnet wurde. Und zuletzt führte die Reise ins benachbarte Ägypten mit der „herrlichen Stadt Alexanders", wo man sich dem Genuss des „heiteren Nil" hingab.[53]

Ein Erlebnis hebt sich auf der Reise der jungen Römer ganz besonders heraus: der Ausbruch des Ätna auf Sizilien. Den Vulkan bekamen sie auf der Hinreise bei der Passage durch die Enge von Messina zu Gesicht, aber auch auf der Rückfahrt, wo sie möglicherweise auf der Insel Station machten. In einem Brief aus dem Exil an den Gefährten, mit dem er damals unterwegs war, bringt Ovid die Attraktion in Erinnerung:

„Asiens prächtige Städte, von dir geleitet, erblickt' ich,
schaute, geführt von dir, auch das trinacrische Land,
sah den Himmel erglänzen im Scheine der Flamme des Ätna […]"[54]

Der Vulkan schleuderte Asche bis nach Rom, also 800 Kilometer nach Norden, und Aufzeichnungen über seine Aktivität gibt es schon seit frühester Zeit. Die Römer betrachteten ihn – wie auch andere landschaftliche Attraktionen – nicht als Beispiel besonderer Naturschönheit, sondern als Ort, an dem sie, sogar aus nächster Nähe, die Übermacht der Götter erleben konnten. Der überwältigende Eindruck des Ätna hatte die Dichter immer schon inspiriert, angefangen bei Pindar. In seiner ersten *Pythischen Ode* spielt er auf den Mythos von Typhon an, auf den hundertköpfigen Riesen, der, durch Zeus' Blitze getroffen, nun unter dem Berg begraben liegt:

„[...] und die himmelragende Säule zwingt ihn
der schneeige Aetna, das ganze Jahr über schneidend kalten
Schnees Amme.
Aus ihm erbrechen sich unnahbaren Feuers heiligste
Quellen aus innerstem Schlund; die Flüsse verströmen tagsüber
einen brandroten Strom
Rauchs; aber im Dunkel trägt die feurig sich wälzende Flamme
Felsen auf die tiefe Meeresfläche mit Krachen.“[55]

Erdbeben entstehen demnach durch die wilden Schläge des Riesen, und sein wütendes Grollen erzeugt die Flammen des Ätna. In anderen Mythen wird behauptet, dass tief drunten im Berg der Glühofen von Vulcanus, dem Gott des Feuers, stand: So erklärten es Aischylos im *Prometheus* und Vergil in der *Aeneis*.[56] Der Philosoph Lukrez hingegen bot eine naturwissenschaftliche Erklärung: Bei Vulkanausbrüchen wurden Stürme frei, die sich tief im Berginneren aufgestaut hatten. Ovid aber bezieht sich direkt auf den großen Pindar, den er schon in der Schule gelesen hat, wenn er den Riesen in den *Epistulae ex Ponto* herbeizitiert. Es scheint, im Bild dieses Ausbruchs ruft sich der reife Ovid noch einmal den Augenblick herauf, da er als 20-Jähriger seine Berufung zum Dichter empfing.

Epilog
IN DER BLÜTE DES LEBENS

Noch ehe die ersten Sonnenstrahlen die Tempelfassaden auf dem Gipfel des Kapitols berühren, erhellt in einer benachbarten Straße das Licht einer Fackel die Säulen eines Portikus, der zu einem schönen Anwesen gehört. Hintereinander treten die Bewohner heraus und schreiten langsam durch den Garten zum kleinen Altar, der in der Morgendämmerung kaum zu sehen ist. An der Spitze der Prozession, klein und zierlich von Gestalt, geht der Dichter Publius Ovidius Naso. Würdevoll bewegt er sich in der üppigen weißen Toga, die er über den Kopf gezogen hat, um sein Haar zu bedecken und die Augen vor Ablenkungen zu schützen. Es ist sein 46. Geburtstag, der 20. März des Jahres 4 n. Chr.

Hinter ihm, in feine Wolle gekleidet, geht seine junge Frau – es ist die dritte[1] –, gefolgt von der siebenjährigen Tochter, beide gegen die Kühle des Frühlingsmorgens in einen Umhang gehüllt. In respektvollem Abstand von der Familie tragen die Haussklaven die Gerätschaften für das Geburtstagsritual: eine Platte mit warmem Kuchen, mit einem Tuch abgedeckt, ein Glas Honig, eine kostbare Dose Safran, eine silberne Schale mit Wein für das Trankopfer. Am Ende schwingt jemand die brennende Fackel, um die Flamme am Leben zu halten.

Wie manches alte Brauchtum ist unter Augustus auch der Geburtstag eines römischen Familienoberhaupts zum religiösen Kult erhoben worden. In Ovids Haushalt hat man ausgiebige Vorbereitungen getroffen. Schon früh am Morgen haben die Sklaven im Garten bei Fackelschein langstielige Blüten geschnitten. Blumen und Blätterwerk sind, zu duftenden Girlanden geflochten, um den Altar aus Tuffstein gewunden, der vor einer bemalten Nische in der Gartenmauer steht. Auf dem Altarpodest liegen Reisig und Zunder für das Feuer bereit.

Am Altar angekommen, winkt Ovid die Fackel herbei, und als er das Feuer entfacht, erwacht das Gemälde an der

Gartenmauer zum Leben: Zwei Tänzer – die Haus-Laren – stehen zu beiden Seiten eines Mannes mit Toga und bedecktem Haupt, wie Ovid selbst, nur ist die Figur im Bild von Schlangen bewacht. So hat der Künstler den „genius natalis" gestaltet, den Gott, der für die Fortpflanzung der Familie zuständig ist.

Ovid wiederholt jetzt das Ritual, wie er es von seinem Vater gelernt hat, der es Jahr für Jahr im Landhaus seiner Kindheit zelebrierte. Indem er Safran ins Feuer wirft, ruft er den Gott an und erweist ihm Lob und Preis. Die Flamme wird größer und knistert, ein starker Duft steigt vom Altar auf. Ovid nimmt den warmen Kuchen von der Platte, beträufelt ihn mit Honig und legt Stücke davon aufs Feuer. Während die Flammen an dem Opfer lecken, bittet er den Gott, allen Familienmitgliedern ein friedliches Miteinander zu gewähren und dass ihnen kein Übel widerfahre. Nun neigt er die Silberschale für das Trankopfer über das Feuer, und als der Wein zischend zerstiebt, steigen Wölkchen auf, verharren eine Weile und finden dann den Weg weiter hinauf: Sie ziehen geradewegs zu den Morgensternen, die über seinen 46. Geburtstag wachen. Ovid beendet das Gebet mit einem Scherz über die Nase des Gottes. Das Mädchen lacht, wie man es von ihm erwartet. Schließlich reicht er die übrigen Honigkuchenstücke herum, während das erste Morgenlicht den Himmel erhellt.[2]

Nach dem Geburtstagsritual hat der Dichter die nächsten Stunden, wie üblich, seinem Tagwerk reserviert. Auf der Höhe seines Ruhms hat er nicht nur eines, sondern gleich zwei ehrgeizige Werke in Arbeit, die „Metamorphosen", deren Thema die Verwandlung der Menschen durch die Macht der Götter ist, und die „Fasti", eine Darstellung des römischen Glaubens und der religiösen Kulte, gegliedert nach dem römischen Festkalender.

Im Garten ist sein Lieblingsplatz zum Schreiben. Eine Holzbank mit Decken und Kissen steht zwischen den Säulen des Innenhofs, davor ein Tisch, auf dem beschriebene und noch frische Wachstäfelchen bereitliegen. Doch ehe er sich ans Tagwerk setzt, unternimmt er, wie er es liebt, einen Rundgang. Die frühe Morgenluft ist frisch und kühl und fördert die Gedanken.

Die Entscheidungen bezüglich seines Gartens trifft er alle selbst, und seit er in dieses Haus gezogen ist, kümmert er sich um die Planung und Bepflanzung.[3] *Den richtigen Platz zu finden, so dass die Pflanzen gedeihen können, erfordert genaue Kenntnis jedes einzelnen Quadratzentimeters; anders als sein ausgedehnter Landsitz, wo Obst und Wein auf freiem Feld gedeihen, ist der Stadtgarten eine ummauerte und überdachte Erweiterung des Hauses. Das Sonnenlicht muss in dieser Einfriedung, neun Meter lang und sieben Meter breit, geschickt genutzt werden. Im Garten soll alles wachsen, was die, die im Haushalt leben und arbeiten, für die täglichen Mahlzeiten und im Krankheitsfall brauchen, dazu auch die Blumen für Girlanden und Kränze. Das Schöne soll hier auch nützlich sein.*

Das Besondere an Ovids Garten ist das große runde Beet in der Mitte mit dem plätschernden Brunnen, der die Vögel anlockt. Die symmetrische Form schafft einen Ausgleich zu der etwas planlosen Anlage der Räumlichkeiten des Hauses. Am Morgen dieses Frühlingsanfangs fällt ein heller Lichtstrahl auf die Säulen des Portikus; bald wird sich der Duft der Kräuter verbreiten, die in einem Topf in der Ecke gedeihen, wo sie von der Morgensonne erfasst, von der Mittagshitze aber verschont werden.

Hier beginnt Ovid seinen Rundgang. Basilikum, Majoran, Schnittlauch und Minze wachsen zwischen Salatköpfen, knackigem Lauch und knospenden Fenchelknollen; in diesem kleinen dreieckförmigen Nutzgarten wird man die Zutaten für den Salat zum Abendessen ernten. Dann wendet Ovid seine Aufmerksamkeit dem großen glasierten Tontopf zu, der so platziert ist, dass Ehrengäste ihn vom Esszimmer, das sich zum Innenhof öffnet, sehen können. Die frühblühenden Blumen, die für die Zeremonien des Tages benötigt werden, hat er vor Monaten selbst gepflanzt. Die Hyazinthen, Anemonen und Osterglocken werden spätnachmittags, wenn eine Brise aufkommt, mit ihren lebhaften Farben das Licht auffangen, und einigen Gästen wird auffallen, dass sie Literarisches andeuten: Sie sind Figuren seiner neuen Dichtung, unselige Opfer der Verwandlung durch fühllose Götter.

Aus anderen Beeten, weniger in Sichtweite, werden Blumen der gleichen Sorten gepflückt und mit Myrtenzweigen zu Kränzen für die Gäste geflochten. Aus den schattigen Gartenecken wird man Minze, Farne und Eisenkraut holen und auf den Esszimmerboden streuen; von den Füßen der Gäste zertreten, werden sich ihre zarten Düfte mit den kräftigeren der Speisen mischen.[4]

Ovid tritt wieder in den Portikus, der den Garten vom Haus trennt, und wirft noch einmal einen kritischen Blick auf die frisch geschnittene Buchsbaumhecke, die den Blumenbeeten entlang der Mauer eine klare Umfassung bietet. Schließlich lässt er das Auge auf einem Baum ruhen, der in einem alten Steintopf am Rand des Beetes steht, in einer Achse mit seinem Bibliothekszimmer. Dies ist seine letzte Neuerwerbung im Garten: ein Lorbeer mit dichtem, glänzendem Blattwerk und schlankem Stamm, der so gerade und glatt wirkt wie die Säulen des Innenhofs. Der Lorbeer führt Ovid hinein in die Dichtung, an der arbeitet: Er ist eine Figur der „Metamorphosen", in der Geschichte von Phoebus Apollon und

Daphne. Der junge Gott, sexuell noch unerfahren, verfolgt die Tochter des Penëus, die sich von ihrem Vater ausbedungen hat, nicht heiraten zu müssen. Im letzten Moment, als Phoebus sie schon von hinten umschlingt, verwandelt sie ihr Vater in einen Lorbeerbaum.
Ovid hat sich an seinen Tisch gesetzt, sucht unter den bereitliegenden Wachstäfelchen das richtige und fährt mit dem Finger noch einmal über die Zeilen:

„Phoebus liebt sie noch jetzt; er legt an den Stamm seine Rechte,
Fühlt das Herz der Geliebten noch schlagen unter der Rinde;
Und es umschlingt sein Arm wie Glieder die Zweige, mit Küssen
Deckt er das Holz; und es weicht noch jetzt zurück vor den Lippen.
‚Kannst du', so spricht der Gott, ‚nicht mehr die Gattin mir werden,
Sollst mein Baum du doch sein. Es sollen, o Lorbeer, dich tragen
Stets meine Leyer, mein Haar, der Köcher; den römischen Feldherrn
Zierst du, wenn zum Triumph die frohen Rufe ihm schallen,
Wenn auf den festlichen Zug die Burg vom Hügel herabschaut.
Sollst auch stehn am Tor des Augustus, als treuester Wächter
Hüten den eichenen Kranz, der hangt ob der Mitte der Pforte.
Und, wie mein jugendlich Haupt an den Locken die Schere nicht duldet,
Trage du immerfort den Schmuck des grünenden Laubes.'
Phoebus hatte geendet. Bejahend regte die jungen
Zweige der Lorbeer und schien wie ein Haupt den Wipfel zu neigen."[5]

Ovid ist zufrieden, die Stelle scheint ihm gelungen; das Metrum fließt, und das Bild ist sinnfällig: Indem Daphne in einen Lorbeer verwandelt wird, geschieht die Verwandlung Apol-

los in den Gott der Poesie. Die Geliebte hat er verloren, aber fortan ist der Lorbeerkranz sein Symbol. Auch er, Ovid, ist über das Spiel der sexuellen Eroberungen hinweg und kann sich ganz der Dichtung widmen.

Ein bisschen wehmütig denkt er an die „Amores" zurück, sein allererstes Buch über das Erwachen der Liebe, ein Sensationserfolg, da war er noch keine zwanzig. Viel von dem Zauber seiner ersten Ehe ist dareingeflossen, der aufregende Anfang am Tag der Toga-Zeremonie, die Zärtlichkeit der ersten Nacht. „Knabe ist Amor und nackt, hat ein Alter, das frei ist von Habgier, / keine Kleider, damit offen und ehrlich er ist."[6] Ein Lächeln huscht übers Gesicht, als er die Zeilen aus dem Gedächtnis vor sich hinspricht. Es geht aber auch um ihre wechselseitige Untreue, die damals zum guten Ton der römischen Oberschicht gehörte. Eigentlich unglaublich, wenn er daran zurückdenkt: Rücksichtslos hat er seine junge Frau, die fast noch ein Kind war, in die liederlichen Sitten eingeführt. Vor den Kameraden auf dem Marsfeld prahlte er damit, dass die Lektionen, die er seiner Corinna in den „Amores" erteilt, keineswegs erfunden waren, sondern der Wirklichkeit entsprachen. Die Freunde gaben ihm die entsprechenden Zitate gern mit unflätigem Gelächter zurück, was ihm wiederum schmeichelte.
Die erste Ehe fand ein bitteres Ende. Als sie sich nach einem knappen Jahr trennten, tat seine Frau ihre Untreue in der Öffentlichkeit kund und stellte die kostspieligen Geschenke ihrer Liebhaber zur Schau. Nein, so eine Schmach konnte er damals nicht hinnehmen: Scheidung war die einzige Lösung. Es folgte eine zweite Ehe, die den verletzten Stolz seines Vaters etwas linderte. Die Frau schenkte ihm eine Tochter, sein erstes Kind; beim zweiten hatte sie eine Fehlgeburt und verstarb an den

Folgen.[7] Aber das Mädchen gedieh, ist längst eine verheiratete Frau und hat drei Kinder, so dass die Familiennachfolge gesichert ist; leider kann sie beim Fest nicht dabei sein, da sie gerade wieder einer Niederkunft entgegensieht.

Mit Mitte dreißig, erinnert er sich, hatte er sich entschlossen, die „Amores" in drei schönen Büchern neu herauszubringen. Die Ausgabe der Gedichte von Properz schwebte ihm vor, der gerade verstorben war. So sollte endgültig klar werden, dass er dem älteren Meister ebenbürtig war. Beim neuerlichen Lesen hatte er allerdings gemischte Gefühle, vor allem wegen seiner entspannten Einstellung dem Ehebruch gegenüber. Die Texte waren einst vor dem Gesetz des Augustus erschienen, mit welchem dem Ehebruch Einhalt geboten werden sollte – ein unpopuläres, ja lächerliches Gesetz! Ehebruch gab es weiterhin, aber seither ist es nicht ungefährlich, so frei darüber zu schreiben.

Ovid weiß noch genau, was ihn an seinen frühen Gedichten peinlich berührte. Es war die Direktheit und Bereitwilligkeit, mit der er sich und seine ganzen Jugendtorheiten den Lesern auslieferte. Mit welch dreister Überheblichkeit erlaubt sich der Liebhaber, seine Geliebte zu schlagen und zu kratzen, nur weil ihre Frisur ihm nicht gefällt! Mit welch brutaler Leidenschaft geht er bei der Verführung einer Frau vor, nur weil er der Mann ist und sie die Frau! Solche bornierten Haltungen ließ er in der Neuausgabe nicht einfach stehen: Er hob sie mit den Mitteln der Satire deutlich hervor. Und beiläufig verbesserte er an manchen Stellen auch das Metrum, wo es ihm nicht perfekt gelungen schien. Ovid lächelt bei dem Gedanken.

Jetzt aber endlich ans Tagwerk! Er will „Daphne" noch einmal Zeile für Zeile durcharbeiten, damit er die Geschichte seinen Gästen abends vortragen kann. Das soll die Überraschung seines Geburtstags sein. Er ist sicher, dass es eine hin-

reißende Geschichte über die Liebe ist, aber seine Freunde würden auch die Botschaft zwischen den Zeilen verstehen: Wenn sich alles wandelt, ist auch die höchste Macht nicht davon ausgenommen. Während er da und dort eine Korrektur anbringt und der Morgen vergeht, trägt ein Sklave seinen Tisch mehrmals an einen neuen Platz, je nachdem wie das Sonnenlicht in den Innenhof fällt. Am späten Vormittag schließlich bringt er einen großen Stoffvorhang aus dem Haus und befestigt ihn an der Stange zwischen zwei Säulen, damit er Schatten spendet. Dazwischen serviert er ein kühles Getränk aus der Küche: einmal mit Honig gesüßtes, einmal mit Essig gewürztes Wasser. Die Arbeit geht Ovid leicht von der Hand. Es kommt alles darauf an, dem inneren Metrum zu folgen, das in seinem Körper wie ein Metronom tickt.
Als er ans Ende gekommen ist, steht er auf und reckt und streckt sich. Sein Garten ist seine Uhr: Der Stand der Sonne sagt ihm, dass es die sechste Stunde ist, Zeit für den kurzen Gang zum Badehaus, wo er nach ein paar Körperübungen ein Bad genießen wird. Er holt seinen Sekretär, der das fertig korrigierte Werk in säuberliche Spalten auf Papyrusrollen übertragen soll; anschließend werden die Rollen beschriftet und wandern in ein Schreibtischfach im Bibliothekszimmer.

Zur neunten Stunde des Tages, frisch gebadet und rasiert, gekleidet in eine neue Tunika und einen kurzen Umhang, ist Ovid bereit, seine Freunde zu empfangen. Wann der erste Gast zum Mahl erscheinen wird, lässt sich nicht vorhersagen, doch irgendwer wird schon zum Ende der üblichen Geschäftszeit eintreffen. Bis dahin will Ovid noch die Vorbereitungen im Haus überprüfen und den Sklaven letzte Anweisungen geben. Er geht, wie er es gerne tut, von Raum zu Raum. Wie im Garten, so hat er auch die Ausstattung im Inneren selbst

beaufsichtigt, und besonders stolz ist er auf sein Speisezimmer mit den Fresken an den Wänden, die Darstellungen aus seiner geliebten Mythologie zeigen.
An der größten Wand bleibt er stehen. Sie zeigt den künstlerischen Wettstreit zwischen der Göttin Minerva und dem trotzigen Mädchen Arachne. Im Mittelteil sitzen die beiden im Halbprofil einander gegenüber und arbeiten konzentriert an ihren Webstühlen. Unten sind die bereits fertigen Teile der Teppiche sichtbar. Arachnes schreckliches Ende, ihre Verwandlung in eine Spinne, hat Ovid bei dem Freskenmaler nicht in Auftrag gegeben. Die Kunst sollte das letzte Wort haben. Die Geschichte endet mit den beiden Tapisserien der so verschiedenartigen Künstlerinnen, die je eine Wand einnehmen. Die von Minerva hält sich getreu an die Machthierarchie der Götter, jene von Arachne prangert an drastischen Beispielen deren sexuelle Übergriffe an. Nur wenn man genau hinschaut, entdeckt man in den netzförmigen Ornamenten eine kleine Spinne.

Diese Atmosphäre hat noch jedesmal die Art von Konversation inspiriert, wie er sie sich wünscht: Politische Debatten und literarische Fachsimpeleien gehen hin und her, aber auch der neueste Klatsch wird ausgetauscht. Die drei Liegen sind diagonal aufgestellt, so dass sich den Gästen je ein anderer Blick in den Garten und auf die Fresken bietet. Ohne Gäste wirkt das „triclinium“ fast wie eine Bühne: der glänzende schwarzweiße Mosaikboden; die Decken und Kissen, auf denen es sich bequem und luxuriös lagern lässt; der Vorfrühlingsgarten, in dem die sinkende Sonne und die länger werdenden Schatten ein perfektes Schauspiel aufführen.
Zu dem besonderen Anlass kommen die Gäste pünktlich, ziehen die Straßenschuhe aus, schlüpfen in ihre eigenen ver-

zierten Slipper und versammeln sich im Garten, wo auf einem mit Girlanden geschmückten Tisch „mulsum" bereitsteht, ein Honigwein, der stets als Aperitif gereicht wird. Die begleitenden Sklaven tragen die Geschenke, die auf einem anderen Tisch zum Betrachten aufgebaut werden. Die Gabe des Mäzens Paulus Fabius Maximus ist eine schwere Silberkaraffe für Wein. Der Finanzmann Atticus, Ovids bevorzugter Theaterbegleiter, hat ihm eine kleine Bronzeskulptur mitgebracht, die ihm bei der Arbeit an den „Metamorphosen" Glück bringen soll: eine Schimäre mit Löwenkopf, Ziegenkörper und Schlangenschwanz. Aemilius Macer, der Ovid vor vielen Jahren auf seiner Bildungsreise begleitete, kennt seine Eitelkeit: Er hat einen Bronzespiegel in Auftrag gegeben. Julius Hyginus, der Verwalter der Bibliothek auf dem Palatin, hat auf einer seiner letzten Reisen, bei der er Ankäufe für die Bibliothek tätigte, ein seltenes Werk über griechische Mythologie entdeckt und es für Ovid abgeschrieben: eine wenig bekannte Fassung der Geschichte von Narziss.[8] Messalla schließlich hat eine Sonnenuhr für den Garten mitgebracht und dazu Verse, die ihre langjährige Freundschaft würdigen.

Ehe die Gäste das „triclinium" betreten, überreicht ein Sklave jedem von ihnen einen frischen Blumenkranz und ist dabei behilflich, ihn auf den Kopf zu setzen. Die Gäste protestieren nicht, der Honigwein hat sie in Stimmung gebracht. Sie streifen die Slipper ab und übergeben sie dem Sklaven, der dienstwillig geduckt zu ihren Füßen wartet. Auf jeder der drei langen Liegen können drei Gäste Platz nehmen, auf den linken Ellbogen gestützt und auf ein festes Kissen gelehnt. Die Liegen stehen u-förmig um einen Serviertisch in der Mitte. Als Gastgeber nimmt Ovid am Ende der Liege links vom Eingang Platz. Sein Ehrengast Messalla lässt sich links von ihm auf der mittleren Liege nieder. Die anderen wäh-

len ihre Plätze selber, die Frauen jeweils neben ihren Gatten. Ovid heißt sie alle herzlich willkommen, aber er fasst sich kurz. Er weiß, dass seine Gäste hungrig sind, und ruft die Dienerschaft zum Servieren herbei; die meisten Römer nehmen nur diese eine große Mahlzeit am Tag ein. Jeder Gast hat einen Teller und legt sich mit der Gabel von den Platten die Speisen auf. Alles ist mundgerecht zubereitet, denn man isst mit den Fingern. Ein Großteil der Speisen für diesen Abend stammt von Ovids Landsitz. Wie jeder Römer ist er stolz darauf, Obst und Gemüse für den eigenen Bedarf selber anzubauen. Das herzhafte „gustum", die Vorspeise, besteht aus rohen und gekochten Gemüsen, Pilzen, geräuchertem Käse, Oliven und einer Eierspeise. Als „mensa prima", als Hauptgang, wird jahreszeitgemäß ein Zickleinbraten aufgetischt, dazu kommen Jagdvögel, Hühnchen und Wildschwein. Zur „mensa secunda", dem Dessert, gibt es schließlich getrocknete und frische Nüsse und Obst, wieder vom eigenen Landsitz. Für jeden Gang wird ein anderer Wein serviert.[9]

Das gemeinsame Gespräch bei Tisch ist immer die Hauptsache bei Ovids Einladungen, und eigentlich darf das nichts stören. Doch dieser Abend ist von besonderer Art. Am Ende des Mahls kündigt der Gastgeber seine vorbereitete Darbietung an. Bis dahin sollen sich die Gäste recken und strecken, sich im Garten tummeln oder frisch machen, während die Sklaven die letzten Reste des Desserts abtragen und den Boden kehren. Dann bringt der Kellermeister einen neuen Wein herbei, einen Falerner, der speziell für diese Gelegenheit besorgt wurde.

Als sich alle wieder versammeln, sind auch neue, eigens für das Kommende geladene Gäste dabei. „Daphne" hat heute, am 46. Geburtstag des Dichters, Premiere. Es könnte ein Meilenstein in seinem Leben werden, Ovid spürt es.

Er hat erreicht, wozu er geboren war.

Nachwort
Unterbrochen bei der Verwandlung
von Maurice Biriotti

Diane Middlebrook hatte sich ursprünglich vorgenommen, eine Biographie über Ovids ganzes Leben zu schreiben. Bei ihrem Tod war dieses Werk noch längst nicht vollendet. Für die, die sie kannten, ist dies eine persönliche und künstlerische Tragödie. Für die anderen, die Ovid lieben oder sich über das große Geheimnis der Kreativität den Kopf zerbrechen, ist es ein Verlust, dessen sie sich wohl nie bewusst werden. Die Geschichte der Kultur muss voll von solchen verpassten Gelegenheiten sein; dieser Essay soll feiern, was möglich gewesen wäre.

Als Diane Middlebrook 2007 an Krebs verstarb, war sie mit einem Vorhaben beschäftigt, das in seiner Kühnheit ebenso atemberaubend war wie in den Implikationen für die Autorin einschüchternd. Das Ziel war klar vorgegeben: Indem sie die winzigen Bruchstücke verfügbarer biographischer Daten sammelte, den Stand der Forschung zu Alltag und Politik im Zeitalter des Augustus zusammentrug und vor allem das dichterische Werk ihrer Interpretationskunst unterzog, wollte sie Ovid für uns zum Leben erwecken. Die Psychologie eines Mannes, über den wir fast nichts wissen, wollte sie aus den in seinen literarischen Meisterwerken tief verborgenen Spuren ergründen.

In gewisser Hinsicht kann man es so sehen, wie es Carl Djerassi in seinem Vorwort aufzeigt: Diane Middlebrooks berufliche und kreative Lebensleistung mit den drei großen Biographien über der Lyrikerin Anne Sexton (1991), den transsexuellen Jazzmusiker Billy Tipton (1998) und das Literaten-Ehepaar Sylvia Plath und Ted Hughes (2003) war auf dieses Ovid-Projekt als Höhepunkt angelegt. Wir können noch ihr Gespür für Poesie hinzufügen, ihre eigene Begabung auch als Dichterin (*Gin Considered as a Demon,* 1983) und dass sie sich Ovid zeit ihres Lebens als Lehrende gewidmet hat.

Mit *Der junge Ovid* liegt ein fragmentarischer, wenn auch in sich geschlossener Text vor. Natürlich kann es nicht der sein, den Diane Middlebrook aus der Hand gegeben hätte. Texte unterliegen wie Menschen Metamorphosen – Revisionen, Umarbeitungen, Variationen.

Der Autorin war der kreative Prozess wesentlich. Einmal zitiert sie aus dem 6. Buch der *Metamorphosen* (Verse 17-23), wie Ovid die Nymphen in ihrer Bewunderung für Arachnes Kunst schildert:

„Nicht nur die fertigen Stoffe, nein, auch sie w e r d e n zu sehen,
War ein Vergnügen, mit solcher Gefälligkeit übt' sie ihr Können.
Mochte die rohe Wolle zunächst zu Knäulen sie ballen
Oder sie schlichten darauf mit den Fingern, entfilzen mit langen,
Oft wiederholten Zügen, die wolkengleichenden Flocken,
Mochte mit leichtem Daumen die glatte Spindel sie drehen,
Mochte sie wirken in Bunt."

Die Kunst als Metamorphose – dies verbindet Diane Middlebrook explizit mit Ovid. Allerdings war in ihrem Fall die Wolle noch nicht ganz gesponnen. Was uns vorliegt, ist ein unvollendeter Versuch, unterbrochen bei der Verwandlung. Sicher hätte sie ihre Sprachfäden noch weiter gesponnen, mit großem Geschick und unermüdlicher Aufmerksamkeit fürs Detail.

Ihr Respekt vor der Kunst und Genialität des Originals wurde sichtbar in den lateinischen Versen des Meisters, die in goldenen Buchstaben an die Wände der Londoner Wohnung gemalt waren, welche sie mit ihrem Ehemann Carl teilte. Majestätisch beherrschten sie den Raum – für den Besucher ein Beweis ihres unerschütterlichen Glaubens an die Macht des geschriebenen Worts und an die Kunst des Schreibens.

Was also hat uns das unvollendete, halbgeschliffene Manuskript des verkürzten Projekts zu sagen? Es versucht eine Antwort auf Fragen wie diese: Wie kann sich das Leben des Autors im Schreiben zeigen? Wie können Gedichte ebendies, was Ovid für sich beanspruchte: dem Schöpfer ewiges Leben gewähren? Vielleicht überrascht es nicht, dass das Vorbild für ein derartiges Verfahren von Ovid selber stammt. In den *Metamorphosen* berichtet er uns davon, wie die Dinge zu dem werden, was sie sind. In allem, was uns umgibt, ist die Geschichte enthalten, wie die Dinge geworden sind. Die Spuren davon, wie sie wurden, kennzeichnen alle Dinge, die wir um uns herum wahrnehmen – einen Brunnen, ein Echo, einen Baum.
Nehmen wir eine einfache Geschichte aus den *Metamorphosen,* die vom jungen Perdix (*Metamorphosen* 8.236-259). Gezwungen, aus großer Höhe in den Tod zu springen, kommt er dabei fast zu Tode, bis im letzten Augenblick ein Gott Mitleid mit ihm hat und ihn rettet: Er verwandelt ihn in einen Vogel. Aber der fragliche Vogel, das Rebhuhn, kann nur für eine kleine Weile fliegen und spiegelt somit die verständliche, nie vergehende Höhenangst des Knaben. Betrachtet man ein Rebhuhn, sieht man die Spur seiner Entstehungsgeschichte. Der Verwandlungsprozess kennzeichnet das Wesen für immer, bleibt in ihm verborgen anwesend wie eine narrative Spur, die auf einen spezialisierten Forscher wartet, der ihre geheimen Bedeutungen entschlüsselt.
Auf diese Weise wollte Diane Middlebrook mit Ovids Text umgehen: seine Rhythmen, seine linguistischen Eigenarten, seine einzigartige literarische Handschrift herausarbeiten, um den Code des eigentlichen Rätsels zu knacken: Wer – oder was – hat ihn erschaffen? Und wie kam es dazu?
Solch ein Vorhaben birgt viele Risiken. An erster Stelle das, sich zu wilden, unhaltbaren Spekulationen hinreißen zu las-

sen. Literatur ist nicht einfach ein Fenster zur Seele des Autors, die Beziehung ist komplizierter, abstrakter. Dass Diane Middlebrook dem ins Auge sah, ist aus dem vorliegenden Manuskript offensichtlich. Als Lösung schlug sie eine Balance von Textmerkmalen vor, die Neuland für sie bedeuteten.

Erstens war ihr klar, dass es auf eine präzise und prinzipientreue Textlektüre ankam. Zweitens musste das Projekt von Tatsachen und wissenschaftlicher Genauigkeit getragen sein. Diane Middlebrook konnte rational und klarsichtig sein wie eine Naturwissenschaftlerin und skeptisch wie eine Historikerin. Bei ihrer Detektivarbeit war sie auf die forensische Gewissheit einer Sachverständigen aus. Mit dem Eifer einer Polizistin auf heißer Spur zog sie Bücher und noch lebende Wissenschaftler zu Rate.

Drittens legte sie ihre Vermutungen immer offen, wies den Leser auf die Sprünge, die Zweifel, die Fragen hin; nie bleibt er im Zweifel über den Status oder die Herkunft der Annahme. Schließlich fügte Diane Middlebrook – in Kursivdruck – fiktive Szenen ein, die sich, wie sie in der Einleitung schreibt, „in Ovids Leben so oder ähnlich hätten zutragen können".

Keines dieser Textmerkmale ist einzigartig. Vielleicht ist es auch ihre Kombination nicht. Aber alle Faktoren zusammen – die Meisterschaft der Lyrikinterpretation, die Disziplin einer großen Wissenschaftlerin, der scharfsinnige psychologische Blick einer Biographin auf der Höhe ihres Könnens, die schriftstellerische Kunst einer Dichterin – hätten auf dem Gebiet der Biographie vermutlich Neuland erschlossen.

In Ovids *Metamorphosen* geschehen Verwandlungen plötzlich, gewaltsam, unerwartet. Selbst wenn sie gutartig sind, künden sie von Prozessen, die außer Kontrolle sind, die der Laune der Götter gehorchen. Ovid selbst war Opfer solch einer Laune – des allmächtigen Kaisers Augustus – und wurde

grausam und unerwartet in die Verbannung geschickt. Er hat weiter geschrieben, aber das Leben war seither ein anderes. Verwandlung kann tragisch sein, brutal oder hart.
Diane Middlebrooks Krebserkrankung, die ihr Leben auf den Kopf stellte und ihr großes Projekt stoppte, wirkte genau so: grausam und plötzlich wie eine ovidische Verwandlung.
Eine große Verwandlung kommt auf jeden von uns zu. Wir können nur hoffen, dass wir alles erreichen, was wir vorhaben, ehe dieser Tag kommt.

Maurice Biriotti hat Altphilologie an der Cambridge University studiert und ist heute Professor für Medical Humanities am University College London.

Anmerkungen und Literatur

Einleitung

[1] *Metamorphosen* 15.871-872; 15.875-879.

[2] Zu Ovids Fortleben siehe Malcolm Bull, *The Mirror of the Gods: How Renaissance Artists Rediscovered the Pagan Gods,* New York 2005, passim.

[3] Als einziger Zeitgenosse von Ovid hinterließ Seneca der Ältere (geb. etwa 55 v. Chr., gest. zwischen 37 und 41 n. Chr.) einen Augenzeugenbericht von Ovids Redekunst: *Controversiarum libri decem* 2.2.1-12.

[4] *Tristien* 4.10.1-2.

[5] Als Ovid im Exil lebte, war er „zweifellos der berühmteste Dichter im Reich", so Denis Feeney, *I Shall Be Read, London Review of Books*, 17. August 2006, S. 13.

[6] Peter Green, *Ovid: The Poems of Exile, Introduction,* Los Angeles 2005, S. 25.

[7] Die erste Auflage der *Amores* entstand vermutlich im Jahr 25 v. Chr. Ovid erwähnt, er habe bereits mit achtzehn Jahren daraus öffentlich vorgetragen. Allerdings wurde die uns überlieferte Fassung beträchtlich bearbeitet, ehe sie um 15 v. Chr. veröffentlicht wurde. Green, *Introduction,* S. 20; Revilo P. Oliver, *The First Edition of Amores*, *Transactions and Proceedings of the American Philological Association* 76 (1945), S. 191-215.

[8] Niklas Holzberg ist allerdings skeptisch, ob Ovid überhaupt etwas fürs Theater geschrieben hat; siehe *Playing with his Life: Ovid's Autobiographical References* in: Peter Knox (Hg.) *Oxford Readings in Ovid*, Oxford 2006, 51-68.

[9] Vergil, *Aeneis* 1.278-279.

[10] *Metamorphosen* 1.76-79; 1.84-86.

[11] Im vorliegenden Buch befindet sich ein „Epilog": „In der Blüte des Lebens" (Ovid an seinem 46. Geburtstag); dabei handelt es sich um Ausschnitte eines Kapitels aus dem ursprünglichen Projekt einer integralen Biographie.

[12] *Tristien* 2.7.43-52.

Kapitel I

[1] *Tristien* 4.10.11: *Beide sind wir beim Schein des Morgensternes geboren.*

[2] Florence Dupont, *Daily Life in Ancient Rome*, Malden (Massachusetts) 1992, S. 110.

[3] John R. Clarke, *Houses of Roman Italy*, Berkeley-Los Angeles 1991, S. 10.

[4] Die Details über die Geburt, auch in den fiktiven Passagen, stammen aus den gynäkologischen Abhandlungen von Soranus von Ephesus. *Gynaecia Mustionis, der Hebammenkatechismus des Mustio* (deutsch und lateinisch) & *Eucharius Rösslin's Rosengarten*, herausgegeben von Helmut H. Hessen, Frankfurt am Main 1997.

[5] Mary Harlow & Ray Lawrence, *Growing Up and Growing Old in Ancient Rome*, London 2002, S. 40.

[6] Dacre Balsdon, *Die Frau in der römischen Antike,* München 1989.

[7] *Tristien* 4.10.9-14.

[8] Karl J. Hölkeskamp, *Under Roman Roofs: Family, House and Household*, in: *The Cambridge Companion to the Roman Republic*, herausgegeben von Harriet I. Flower, Cambridge 2004, S. 113-138, hier: S. 126.

[9] Einzelheiten zu diesem Familienritual sind entnommen: Michael P. Speidel & Alexandra Dimitrova-Milceva, *The Cult of the Genii in the Roman Army and a New Military Deity*, *Aufstieg und Niedergang der Römischen Welt* (*ANRW*) II.16.2 (1978), S. 1542-1555; David G. Orr, *Roman Domestic Religion: The Evidence of the Household Shrines*, *ANRW* II.16.2 (1978), S. 1557-1591.

[10] Arthur Wheeler, *Topics from the Life of Ovid*, *The American Journal of Philology* 46 (1925), S. 1-28, hier: S. 3.

[11] Informationen über die Paeligner finden sich bei Eduard T. Salmon, *S.M.P.E.*, in: *Ovidiana. Recherches sur Ovide*. Publiées à l'occasion du bimillénaire de la naissance du poète par Nicolas I. Herescu, Paris 1958, S. 3-20.

[12] E.T. Salmon, *The Cause of the Social War*, *Phoenix* 16 (1962), S. 107-119.

[13] Salmon, *Social War*, S. 113-114.

[14] Laut E. T. Salmon; andere Autoren geben 90 v. Chr. an.

[15] Ronald Syme, *Die römische Revolution. Machtkämpfe im alten Rom*, Stuttgart 2005 sowie Kathryn Lomas, *Italy During the Roman Republic, 38-31 B.C.*, in: *The Cambridge Companion to the Roman Republic*, S. 219.

[16] Salmon, *S.M.P.E.*, S. 18.

[17] Salmon, *S.M.P.E.*, S. 9.

[18] *Amores* 3.15.8-14.

[19] Wheeler, *Topics*, S. 2.

[20] Dupont, *Daily Life*, S. 36.

[21] *Amores* 2.16.7-10.

[22] Florence Dupont, *The Grammar of Roman Dining*, in: *Food. A Culinary History*, herausgegeben von Jean-Louis Flandrin, Massimo Montanari & Albert Sonnenfeld, New York 1999, S. 119.

[23] Dupont, *Daily Life in Ancient Rome*, S. 46.

[24] *Amores* 2.16.1-10.

[25] Jo-Ann Sheldon (Hg.), *As the Romans Did*, New York 1988, S. 321.

[26] *Metamorphosen* 2.401-410.

[27] *Amores* 1.3.8-10.

[28] *Metamorphosen* 2.329-331; 2.381-385.

[29] *Metamorphosen* 1.568-575.

[30] Robin Lane Fox, *The Classical World. An Epic History from Homer to Hadrian*, London 2005, S. 119.

[31] Harlow & Lawrence, *Growing up and Growing Old*, S. 61-63.

[32] *Metamorphosen* 4.32-41.

[33] *Metamorphosen* 4.279-280.

[34] *Metamorphosen* 4.272-273.

[35] *Fasti* 3.809; 3.815-834.

[36] vgl. Martha Maas & Jane McIntosh, *Stringed Instruments of Ancient Greece*, Yale University Press 1989.

[37] *Tristien* 1.10.1-14.

[38] *Metamorphosen* 5.250-271.

[39] *Metamorphosen* 5.332-336.

[40] *Metamorphosen* 6.1-7.

[41] Andere zeitgenössische Autoren, die sich den Arachne-Mythos anverwandeln, sind: Antonia S. Byatt, *Arachne*, in: *Ovid Metamorphosed*, herausgegeben von Philip Terry, London 2000, S. 131-157; Italo Calvino, *Ovid and Universal Contiguity*, in: *The Literature Machine*, übers. von Patrick Creagn, London 1989, S. 146-161.

[42] *Metamorphosen* 6.14-23.

[43] *Metamorphosen* 6.103-122.

[44] *Metamorphosen* 6.134.

[45] *Metamorphosen* 6.129-130.

[46] *Metamorphosen* 6.412-674. In dem Namen Itys wollte man den Ruf der Nachtigall hören, so dass in einer antiken Variante des Mythos Procne zur Nachtigall – die klagend nach ihrem Kind ruft – und Philomela zur Schwalbe wird.

Kapitel II

[1] Ruth Witherstine, *Where the Romans Lived in the First Century BC*,

Classical Journal 21 (1926), S. 566-579, hier: S. 572.

[2] Ronald Syme, *Roman Revolution*, S. 10

[3] Syme, *Roman Revolution,* S. 18 sowie Mary Beard & Michael Crawford, *Rome in the Late Republic*, London 1999, S. 52-59.

[4] Henry I. Marrou, *Geschichte der Erziehung im Altertum*, Freiburg-München 1957, S. 342.

[5] Beard & Crawford, S. 12-13.

[6] *Tristien* 4.10.19-20.

[7] Anthony Everitt, *Augustus*, New York 2006, S. 165.

[8] T.H. Higham, *Ovid and Rhetoric*, in: *Ovidiana*. Recherches sur Ovide, herausgegeben von N.I. Herescu, Paris 1958, S. 32-48, hier: S. 35 und 37.

[9] *Amores* 1.2.9-17.

[10] Higham, *Ovid and Rhetoric,* S. 41 und 47.

[11] Higham, *Ovid and Rhetoric*, S. 43.

[12] *Tristien* 4.10.17-18.

[13] Green, *Introduction*, S. 20

[14] Ronald Syme, *Augustan Aristocracy*, Oxford 1986, S. 201-202.

[15] Syme, *Augustan Aristocracy*, S. 207.

[16] Syme, *Augustan Aristocracy*, S. 207-208.

[17] Syme, *Augustan Aristocracy,* S. 208 sowie Syme, *Roman Revolution*, S. 291.

[18] Syme, *Roman Revolution,* S. 302.

[19] Mary Beard, *The Triumph of Ovid*, in: *Rituals in Ink*, herausgegeben von Alessandro Barchiesi et al., Stuttgart 2004, S. 116.

[20] Syme, *Roman Revolution*, S. 303.

[21] Green, *Introduction*, S. 22.

[22] *Tristien* 4.4.27-32.

[23] *Epistulae ex Ponto* 2.3.75-78.

[24] Syme, *Augustan Aristocracy*, S. 437, Anm. 103.

[25] Julia H. Gaisser, *Tibullus 1.7: A Tribute to Messalla*, *Classical Philology* 66 (1971), S. 221-229, hier: S. 221-222.

[26] *Tristien* 4.10.41-52.

[27] Allerdings wurde auch vermutet, dass die Sulpicia zugeschriebenen Gedichte tatsächlich Ovid geschrieben hat: Robert S. Radford, *Tibullus and Ovid: The Authorship of the Sulpicia and Cornutus Elegies in the Tibullan Corpus*, *American Journal of Philology* 44 (1923), S. 1-26.

[28] Tibullus, *Gedichte,* S. 123.

[29] Ceri Davies, *Poetry in the ‚Circle' of Messalla*, *Greece & Rome* 20 (1973), S. 25-35.

[30] *Amores* 1.1.1-5.
[31] *Amores* 1.1.26-30.
[32] Anthony A. Barrett, *Livia*, New Haven 2002, S. 177.
[33] O.L. Richmond, *The Augustan Palatium*, *Journal of Roman Studies* 4 (1914), S. 193-226, hier: S. 196.
[34] *Metamorphosen*, 2.1-4.
[35] Steven Saylors Roman *Catalina's Riddle*, London 2005, lieferte Anregungen zur Schilderung dieses Tages.
[36] Amanda Claridge, *Rome. An Oxford Archaeological Guide*, Oxford 1998, S. 230-231und 239-240.

Kapitel III

[1] Sowohl der Name Delia als auch Cynthia stellen eine Beziehung zu Apollon her, zu dem Gott der Musik und Führer der Musen: Apollon wurde auf der Insel Delos bzw. dem dortigen Berg Kynthos geboren.
[2] Properz 2.3.19-22.
[3] *Amores* 3.4.37-38.
[4] *Amores* 3.14.1-2.
[5] *Amores* 3.15.1 sowie 3.15.18.
[6] Green, Notes to *Poems of Exile,* S. 286.
[7] „Inberbis iuvenis" war der lateinische Begriff hierfür. Harlow & Lawrence, *Growing up*, S. 72-73.
[8] Horaz, *Ars Poetica* 161-165.
[9] Herbert Moller, *The Accelerated Development of Youth: Beard Growth as a Biological Marker*, *Comparative Studies in Society and History* 29/4 (1987), S. 750.
[10] Marcus Tullius Cicero, *Pro Caelio* 42.
[11] *Amores* 1.2.1; 1.2.5; 1.2.7.
[12] *Amores* 1.3.6-7 sowie 1.3.16-18.
[13] *Amores* 1.5.9-10 sowie 1.5.17-22.
[14] *Amores* 3.7.25-26.
[15] *Amores* 1.13.5-8.
[16] *Amores* 2.11.31-36.
[17] *Amores* 2.16.42-46.
[18] *Amores* 2.17.33-34.
[19] *Amores* 3.1.49-52.
[20] *Amores* 3.11.41-42.
[21] *Ars amatoria* 3.382-386.
[22] Green, *Introduction*, S. 28.

[23] *Amores* 1.9.1-12; 1.9.31; 1.9.41-46.
[24] John P. V. Dacre Balsdon, *Life and Leisure in Ancient Rome*, London 2002, S. 21-24.
[25] *Tristien* 4.10.59-60.
[26] *Amores* 1.14.
[27] *Amores* 1.13.
[28] *Amores* 2.13.1-6; 2.13.27-28.
[29] *Amores* 2.14.1-4; 2.14.7-8; 2.14.37-38; 2.14.43-44.
[30] *Amores* 2.14.27-28.
[31] *Amores* 1.4.16-22.
[32] Susan Treggiari, *Roman Marriage*, Oxford 2002, S. 89.
[33] *Amores* 3.13.1.
[34] Treggiari, *Marriage*, S. 445.
[35] *Amores* 1.14.11-12.
[36] *Amores* 2.17.
[37] Treggiari, *Marriage*, S. 414.
[38] *Fasti* 4.789-790.
[39] Treggiari, *Marriage*, S. 169.
[40] Treggiari, *Marriage*, S. 400.
[41] *Amores* 1.8.27-28; 1.8.57-62 .
[42] *Amores* 1.10.
[43] *Amores* 1.3.7-12.
[44] *Tristien* 4.10.69-70.
[45] Lesley Adkins & Roy Adkins, *Handbook to Life in Ancient Rome*, Oxford 1994, S. 140 sowie Jerome Carcopino, *Daily Life in Ancient Rome*, London 1964, S. 109-115.
[46] Carcopino, *Daily Life*, S. 113.
[47] Wheeler, S. 16.
[48] Alan Cameron, *The First Edition of Ovid's Amores*, *The Classical Quaterly* n.s. 18 (1968), S. 320-333, hier: S. 326.
[49] *Tristien* 4.10.32.
[50] Lionel Casson, *Travel in the Ancient World*, London 1974, S. 248.
[51] *Fasti* 6.421-436.
[52] Casson, *Travel*, S. 248.
[53] *Tristien* 1.2.79-80.
[54] *Epistulae ex Ponto* 2.10.21-23.
[55] Pindar, *Pythische Ode* 1.18-23.
[56] Walter Woodburn Hyde, *The Volcanic History of Etna*, *Geographical Review* 1 (1916), S. 401-418, hier: S. 403-404.

Epilog

[1] Zu den Familienverhältnissen siehe: Green, *Introduction.*

[2] Zum Geburtstagsritual siehe u.a. *Tristien* 3.13.13-18.

[3] *Epistulae ex Ponto* 1.8.43-48 sowie 2.7.69-70; zu Haus und Garten siehe: Andrew Wallace-Hadrill, *Homes and Society in Pompeii and Herculaneum*, Princeton 1994.

[4] Andrew Dalby, *Empire of Pleasures: Luxury and Indulgence in the Roman World*, London 2000, S. 244-247.

[5] *Metamorphosen* 1.553-567.

[6] *Amores* 1.10.15-16.

[7] *Tristien* 4.10.71-72.

[8] Sarah Lyall, *A Historical Discovery? Well, Yes and No*, *The New York Times*, 30. Mai 2005, S. B1 und B6.

[9] Elaria Gozzini Giacosa, *A Taste of Ancient Rome*, University of Chicago Press 1992.

Literatur

Publius Ovidius Naso

Amores. Liebesgedichte, herausgegeben und übersetzt von Niklas Holzberg, Düsseldorf-Zürich 2002.

Peter Green (Hg.), *Ovid. The Erotic Poems*, London 1982.

Fasti. Festkalender, neu übersetzt und herausgegeben von Niklas Holzberg auf der Grundlage der Ausgabe von Wolfang Gerlach, München 1995.

Metamorphosen. In deutsche Hexameter übertragen von Erich Rösch, herausgegeben von Niklas Holzberg, Zürich [14]1996.

Tristien. Nachdichtung aus dem Lateinischen sowie Nachwort und Anmerkungen von Volker Ebersbach, Leipzig 1984.

Epistulae ex Ponto. Briefe vom Schwarzen Meer, übersetzt von Wilhelm Willige, München 1990.

Peter Green (Hg.), *Ovid. The Poems of Exile*, Los Angeles 2005.

Antike Literatur

Catull, *Sämtliche Gedichte*, Lat./Dt., herausgegeben und übersetzt von Michael von Albrecht, Stuttgart 1995.

Helmut H. Hess (Hg.), *Gynaecia Mustionis, der Hebammenkatechismus des Mustio* (deutsch und lateinisch) & *Eucharius Rösslin's Rosengarten*, Frankfurt am Main 1997.

Quintus Horatius Flaccus, *Ars Poetica. Die Dichtkunst,* übersetzt und herausgegeben von Eckart Schäfer, Stuttgart 1972.

Pindar, *Oden,* Griech./Dt., herausgegeben und übersetzt von Eugen Dönt, Stuttgart 1986.

Properz, *Sämtliche Gedichte*, Lat./Dt., herausgegeben und übersetzt von Burkhard Mojsisch, Hans-H. Schwarz, Isabel J. Tautz & Dominique Kappert, Stuttgart 2005.

Tibullus, *Gedichte*, Lat./Dt., übersetzt von Rudolf Helm, Berlin/DDR 1968.

Vergil, *Aeneis*, übersetzt von Volker Ebersbach, Stuttgart 2007.

Zitierte Sekundärliteratur

Anthony Everitt, *Augustus*, New York 2006.

John P. V. Dacre Balsdon, *Die Frau in der römischen Antike,* München 1989.

John P. V. Dacre Balsdon, *Life and Leisure in Ancient Rome*, London 2002.

Lionel Casson, *Travel in the Ancient World*, London 1974.

John R. Clarke, *Houses of Roman Italy*, Berkeley-Los Angeles 1991.

Andrew Dalby, *Empire of Pleasures: Luxury and Indulgence in the Roman World*, London 2000.
Florence Dupont, *Daily Life in Ancient Rome*, Malden (Massachusetts) 1992.
Robin Lane Fox, *The Classical World. An Epic History from Homer to Hadrian*, London 2005.
Ilaria Gozzini Giacosa, *A Taste of Ancient Rome*, University of Chicago Press 1992.
Mary Harlow & Ray Lawrence, *Growing Up and Growing Old in Ancient Rome*, London 2002.
Karl J. Hölkeskamp, *Under Roman Roofs: Family, House and Household*, in: *The Cambridge Companion to the Roman Republic*, herausgegeben von Harriet I. Flower, Cambridge 2004.
Henri Marrou, *Geschichte der Erziehung im klassischen Altertum*, München 1986.
Jo-Ann Sheldon (Hg.), *As the Romans Did*, New York 1988.
Mathilde Skoie, *Reading Sulpicia. Commentaries 1475-1990*, Oxford 2002.
Ronald Syme, *Die römische Revolution. Machtkämpfe im alten Rom*, Stuttgart 2005.
Ronald Syme, *Augustan Aristocracy*, Oxford 1986.
Susan Treggiari, *Roman Marriage*, Oxford 2002.
Andrew Wallace-Hadrill, *Homes and Society in Pompeii and Herculaneum,* Princeton 1994.
Arthur L. Wheeler, *Topics from the Life of Ovid*, *The American Journal of Philology* 46 (1925), 1-28.

Weitere Literatur zu Ovid

Michael von Albrecht, *Das Buch der Verwandlungen. Ovid-Interpretationen*, Düsseldorf-Zürich 2000.
Michael von Albrecht, *Ovid. Eine Einführung*, Stuttgart 2003.
Siegmar Döpp, *Werke Ovids. Eine Einführung*, München 1992.
Marion Giebel, *Ovid. In Selbstzeugnissen und Bilddokumenten*, Reinbek bei Hamburg 1991.
Niklas Holzberg, *Ovid. Dichter und Werk*, München 1997.
David Malouf, *An Imaginary Life*, London 1978 – dt. *Das Wolfskind,* Nördlingen 1987.
Christoph Ransmayr, *Die letzte Welt*, Frankfurt am Main 1988.
Ulrich Schmitzer, *Ovid*, Hildesheim-Zürich-New York 2001.

Editorische Notiz

Der bislang unpublizierte englische Originaltext von „Der junge Ovid" enthält einen Anmerkungsapparat von 401 Fußnoten, Zeugnis von Breite und Tiefe der Forschung von Diane Middlebrook. Für die deutsche Fassung, die das Original strafft, sind die Fußnoten unter akribischer Mitarbeit der Übersetzerin Barbara von Bechtolsheim auf das Notwendige reduziert. Auch das Literaturverzeichnis wurde entsprechend adaptiert und mit Titeln aus dem deutschsprachigen Raum ergänzt.

Bibliografische Information der Deutschen Nationalbibliothek
Die Deutsche Nationalbibliothek verzeichnet die Publikation in der Deutschen Nationalbibliografie; detaillierte bibliografische Daten sind im Internet über http://dnb.ddb.de abrufbar

Salzburg – Wien, Austria
Projektentwicklung und Lektorat: Andres Müry
Gestaltung: Müry Salzmann Verlag
Umschlagbild: Ein Liebesakt. Wandgemälde aus Pompeji, Casa del Centenario IX 8, 3, 1. Jh. n. Chr.
Druck: Theiss, St. Stefan im Lavanttal
ISBN 978-3-99014-070-3
www.muerysalzmann.at